Predigten über Gottes Gebote
im Jahre 1980 in Bethel

D1735576

Johannes Busch

Wegweiser zur Freiheit

v. Bodelschwinghsche Anstalten · Bielefeld-Bethel

Kurztitelaufnahme der Deutschen Bibliothek:
Busch, Johannes:
Wegweiser zur Freiheit: Predigten über Gottes Gebote im Jahre 1980
in Bethel/Johannes Busch. — Bielefeld-Bethel: v. Bodelschwinghsche
Anst., 1981.
ISBN 3-922463-17-7

© 1981 v. Bodelschwinghsche Anstalten · Bielefeld-Bethel.
Redaktion: Dankort · Postfach 13 02 60 · 4800 Bielefeld 13.
Druck: Graph. Betrieb Ernst Gieseking, 4800 Bielefeld 13.
ISBN 3-922463-17-7

Inhalt

Als ich im Frühjahr 1979 in Bethel die ersten Gespräche führte, ob ich wohl die Aufgabe des Anstaltsleiters der v. Bodelschwinghschen Anstalten übernehmen solle, kamen unter anderem auch meine Predigten in der Zionsgemeinde zur Sprache. Einer sagte, er habe den Eindruck, ich predige nur „Evangelium", und er frage sich, ob ich wohl auch „Gesetz" predigen könne. Ich empfand diese Frage zunächst nicht gerade als einen Tadel. Trotzdem ging sie mir nach. Sollte ich etwa bei der Verkündigung des Evangeliums irgendwo einen blinden Fleck haben? — So faßte ich den Plan, mich dieser Herausforderung zu stellen mit einer Predigtreihe über die Zehn Gebote. Im Laufe des Jahres 1980 habe ich in den Gottesdiensten, die ich in Bethel zu halten hatte, fortlaufend über die Gebote Gottes gepredigt. Ohne ein vorheriges Gesamtkonzept ist eine Predigt nach der anderen mitten im Alltagsgeschäft entstanden. Ich habe die Predigten aufschreiben lassen und zusammengestellt, weil einige Betheler mich darum baten. Zwei weitere Predigten füge ich hinzu, weil sie in die Thematik passen und im gleichen Zeitraum entstanden. Ich gebe diese Predigten auch einigen Freunden und Bekannten weiter, weil ich sie teilhaben lassen möchte an dem, was mich im ersten Jahr meiner neuen Aufgabe in Bethel beschäftigt hat. Ich verbinde damit zugleich einen herzlichen Dank für kritische, vertrauensvolle, betende Begleitung. Ob mein Predigen jetzt mehr „Gesetz" enthält, weiß ich nicht; ich hoffe sogar, daß es nicht so ist, denn ich habe neu entdeckt, daß Gottes Gebote Wegweiser zur Freiheit sind, und das wollte ich gerne weitergeben.

Bethel, im Advent 1980

Johannes Busch

DAS ERSTE GEBOT

Predigt im Gottesdienst am 1. Januar 1980
in der Zionskirche in Bethel

„Und Gott redete alle diese Worte: Ich bin der Herr dein Gott, der dich aus Ägypten geführt hat, aus dem Hause der Knechtschaft. Du sollst keine anderen Götter haben neben mir." (2. Mose 20, 2—3)

Liebe Schwestern und Brüder!
Das trifft sich gut: Das erste Gebot zum ersten Tag der 80er Jahre! Ein klares, eindeutiges, verbindliches Wort in einem Augenblick, da viele Menschen die Schritte in ein neues Jahrzehnt nur unsicher und zögernd zu setzen wagen. So jedenfalls konnte man es von nüchternen, bedächtigen Kritikern unserer Zeit in Kommentaren und Stellungnahmen um die Jahreswende herum hören und lesen. Die große Gebärde des Aufbruchs, so hieß es da in einer Zeitung, die zu Beginn der letzten 10 Jahre gestanden habe, sei verkümmert zu einer erschrockenen Geste des Kleinmuts. Was damals mit einem Aufbruch in die Freiheit und Grenzenlosigkeit angefangen habe, das habe inzwischen einem Zeitalter der Angst Platz gemacht. Wie soll es weitergehen? so fragen sich viele. Das mit dem Wachstum unseres Wohlstandes ist offensichtlich endgültig zu Ende; wir werden künftig weniger haben als heute. Die Entwicklung der Technik, z. B. auf dem Sektor der Kernenergie oder der Mikroelektronik, bringt keinen Fortschritt mehr für das Leben der Menschen, sondern bedroht es. Alle Gespräche und Abkommen über Frieden und Abrüstung werden untergraben durch um so unheimlichere Nachrüstung. Wir reichen Völker finden einfach keine Lösung für unsere Beziehungen zu den armen Völkern der Erde. Das alles macht vielen Menschen Angst. Was soll man denn tun, wenn man überall so deutlich an Grenzen stößt? Viele, vor allem junge Leute, die vor kurzem noch die Gesellschaft verändern wollten, haben aufgesteckt

7

und steigen aus. Was hat das Ganze denn für einen Sinn, so fragen sie, und ihre Freiheit beschränkt sich darauf, daß jeder das tut, was er selbst gerade für gut hält. Aber was ist gut? Die Orientierung ist vielen verlorengegangen. Gibt es Maßstäbe, die für alle verbindlich sind? Gibt es Werte, Grundwerte, die von jedermann anerkannt werden? Wehe, wenn es sie nicht gibt! Das Chaos wird über uns hereinbrechen, wenn wir sie nicht finden. „Wir müssen eine neue Ethik schaffen", so hieß es als Fazit in einem der Kommentare, „Maßstäbe für die Zukunft, an die wir uns binden, damit wir die Gegenwart mit Anstand bewältigen." Es nimmt mich nicht wunder, daß in einer so gekennzeichneten Situation auch die Zehn Gebote neu ins Gespräch gebracht werden. Bei einer Bekenntnisversammlung in Hannover wurden erst kürzlich der Schaden und die Orientierungslosigkeit unserer Gesellschaft zurückgeführt auf den „Abbau von Gottes bergenden Grundordnungen für Sitte und Gemeinschaft", und entsprechend wurde bei diesen alten bergenden Ordnungen Zuflucht und Sicherheit gesucht. — Der Rat der EKD und die Katholische Deutsche Bischofskonferenz haben Ende Oktober eine gemeinsame Erklärung zum Thema „Grundwerte und Gottes Gebot" herausgegeben und in diesem Zusammenhang den Staat und die Gesellschaft auf die in den Zehn Geboten enthaltenen allgemeingültigen Grundnormen menschlichen Zusammenlebens hingewiesen. So sind wir also mit unserem Nachdenken über die Zehn Gebote, wie es scheint, nicht nur in guter Gesellschaft, sondern auch auf einer höchst aktuellen Linie.

Allerdings: An dieser Stelle kommen mir einige Bedenken. Ist es eigentlich gut, wenn wir Christen uns unser Thema allzu bereitwillig diktieren lassen von dem, was gerade Mode ist? Ist es wirklich das Thema, das Gott uns stellt? — Es kommt hinzu, daß man da, wo in der Bibel die Gebote verkündigt werden — mal abgesehen von den Pharisäern —, eigentlich nie eine Gemeinde vorfindet, die aus der sicheren Bastion bergender Ordnungen heraus anderen predigt, wie sie denn wohl zu leben hätten. Nein, immer, wenn im Volke Gottes die Gebote ausgerufen wurden, dann war es ganz ähnlich wie hier heute morgen bei uns: Da sind Menschen beieinander, die sind Kinder ihrer

Zeit. Menschen, die im vollen Leben stehen, Menschen, die an sich selber genau das gleiche erleben wie die anderen Zeitgenossen auch: die gleiche Angst; das gleiche ungewisse Suchen, wie's wohl weitergehen könnte; die gleiche Verunsicherung, nicht nur durch die Unmoral der anderen, sondern ebenso durch das eigene Scheitern und Versagen. Keine Spur von Besserwissen oder gar Bessersein! Nur eines ist allenfalls anders: So wie sie sind, treten sie hin vor Gott, bereit, auf ihn zu hören und sich für sein Wort zu öffnen. Was wird er ihnen sagen? Wird er ihnen die Leviten lesen? Wird er ihnen die Zehn Gebote — wenn nicht um die Ohren schlagen, so doch als das eherne Grundgesetz ins Gewissen reden? — Nichts dergleichen passiert! Statt dessen hebt Gott an und bringt sein Thema zur Sprache: „Ich bin der Herr dein Gott, der dich aus Ägypten geführt hat, aus dem Hause der Knechtschaft."

Liebe Schwestern und Brüder! Wir sind hier an einer sehr wichtigen Stelle, die entscheidend ist für das ganze Verständnis der Zehn Gebote. Die Ausleger des Alten Testamentes haben herausgefunden, daß die Zehn Gebote tatsächlich im Gottesdienst des Volkes Gottes ihren Platz haben; genauer gesagt, kamen sie vor beim sog. Bundeserneuerungsfest. Bei diesem Fest wurde Gottes Bund mit seinem Volk feierlich erneuert. Und wenn im Zuge dieses Festes die zehn Sätze ausgerufen wurden, so fand damit die erneute Übereignung der Gemeinde an Gott statt. Und gleichzeitig wurde mit den zehn Sätzen sozusagen wie mit ein paar Pflöcken der weite Raum abgesteckt, in dem sich die Bundesgemeinschaft zwischen Gott und den Seinen verwirklicht. — Wir werden also sorgsam darauf achten müssen, daß wir die Gebote nur ja nicht aus diesem Zusammenhang herauslösen. Sie sind kein allgemein menschliches Sittengesetz; man kann zwar einzelne Sätze aus dem Katalog der zehn so gebrauchen, und man hat das vor und außerhalb der gottesdienstlichen Gemeinde auch immer wieder getan. Das aber ist nicht unser Thema. Für uns bekommen die Gebote ihre Bedeutung im Zusammenhang des Themas, das Gott aufwirft. Und sein Thema lautet: Du, mein Volk; du, meine Gemeinde in Bethel; du Mensch auf dem Weg in ein neues Jahr, wie steht es eigentlich zwischen dir und mir?

Mir scheint, indem Gott die Beziehung zwischen ihm und uns anspricht, bringt er ein uns vielleicht zunächst verdecktes, dann aber doch sehr aktuelles Thema zur Sprache. Wie steht es also mit der Verbindung, mit dem Bund zwischen ihm und uns? Nicht, als ob da gar nichts wäre zwischen ihm und uns; wenn ihr mich fragt, ich würde es mit einer alten Lampe vergleichen, die wir zu Hause haben: Die hat Wackelkontakt. Mal leuchtet sie ganz gut. Sobald einer dranstößt, flackert sie an und aus. Und zeitweilig hat es den Anschein, als sei der Kontakt endgültig unterbrochen. Entschuldigt das etwas einfältige Bild, aber ist es nicht so mit unserem Verhältnis zu Gott? Er ist uns ja nicht einfach fremd; es gibt doch Zeiten, da ist sozusagen der Draht zu ihm vorhanden; da sind wir vertraut mit ihm wie ein Kind mit seinem Vater. Aber dann kommen gelegentlich Stöße, die bringen das Ganze ins Wanken, und manchmal sieht es sogar so aus, als sei alles kaputt zwischen ihm und uns. Ich denke, viele von uns gehen mit so einem angeschlagenen Verhältnis zu Gott in dieses neue Jahr hinein, und nicht wahr, wir spüren genau: Hier geht's nicht um irgendeine religiöse Frage fernab vom Leben. Wenn's hier nicht stimmt, dann ist jeder Schritt in die Zukunft von Unsicherheit und Angst begleitet. Wenn die Verbindung zu ihm doch nur stabiler wäre! Wenn das alles mit ihm doch einleuchtender, eindeutiger, klarer, strahlender, wirksamer wäre! Wir würden uns dann mit Sicherheit auch im Leben besser zurechtfinden!

Allerdings, nun wirft Gott nicht nur das Thema der Beziehung zwischen ihm und uns auf. Er bestimmt und gestaltet zugleich diese Beziehung. „Ich bin der Herr dein Gott, der dich aus Ägypten, aus dem Haus der Knechtschaft geführt hat." — Das zweite und das dritte Glied dieses Satzes lassen am deutlichsten erkennen, wie Gott das Verhältnis zu uns gestalten möchte. Ich bin *dein* Gott! Da kommt also einer auf mich zu, redet mich persönlich, vertrauensvoll an; stellt sich mir vor als einer, der zu mir gehört wie mein Freund, mein Vater, mein Bruder: Ich bin *dein* Gott! Er deckt die Beziehung auf, die zwischen ihm und mir besteht; nicht so, daß er mich zuerst für sich vereinnahmt; sondern so, daß er sich mir schenkt: Ich bin dein. Ich, dein Gott, bin mit dir, wo du hingehst. Ich bin für dich da

10

und trete für dich ein. Nein, das sind nicht nur leere Versprechungen. Gott verweist auf ein konkretes geschichtliches Ereignis: Da, da könnt ihr's ablesen, worauf es hinausläuft, wenn ich für euch eintrete: Aus Ägypten habe ich euch befreit, aus der Knechtschaft habe ich euch losgekauft. Und mit der Erinnerung an dieses Ereignis weckt er zugleich die Aufmerksamkeit: Gebt acht, so werdet ihr mich fort und fort erleben: Ich mache euch frei! Ich öffne euch Türen, die euch verschlossen sind, und führe euch heraus. Ich ebne euch Wege, die euch verbaut sind, und zeige euch die nächsten Schritte. Ich hole euch heraus aus der Enge und Verbohrtheit eurer Gedanken und führe euch in eine weite Gelassenheit. Ich nehme euch den Druck der Angst und helfe euch, in dieser bedrohlichen Welt der 80er Jahre als freie Menschen zu leben.

Liebe Gemeinde! Es gibt Leute, die sagen, wir sollten heute nicht mehr soviel von Freiheit reden, wir müßten wieder mehr von den Geboten Gottes reden. Gut! Reden wir also von den Geboten Gottes! Da begegnen wir dem Gott, der mit Leidenschaft nichts weiter will, als daß wir frei werden und frei bleiben. Das ist Gottes Beitrag zur Situation der beginnenden 80er Jahre: daß er unter die verzagten, resignierenden, ängstlichen Menschen ein paar Leute mischt, die auf eine geradezu ansteckende Weise etwas freier, etwas gelöster, mit etwas mehr Zuversicht ihren Weg gehen. Unser Gott macht frei — das ist übrigens sein besonderes Kennzeichen. Alle anderen Götter binden uns Menschen an sich, und sie ziehen uns so in Bann, daß wir uns an sie binden. Unser Gott bindet nicht, sondern er befreit. Er will doch, daß wir leben, wirklich menschlich leben können. Wer sich bindet und versklavt, setzt sein Leben aufs Spiel. Deshalb ist Gottes Wille strikt und eindeutig: Du sollst keine anderen Götter neben mir haben. Auch das ist bei unserem Gott anders als bei anderen Göttern: Andere Götter sind tolerant. Wenn wir uns nur hingebungsvoll an sie verschreiben, dann dulden sie, daß wir uns auch noch an weitere Götter binden. Unser Gott aber duldet das nicht. Die Freiheit zum Leben, die er uns erschließt, kann durch die Bindung an andere Mächte nicht ergänzt werden, sondern nur verlorengehen.

Liebe Schwestern und Brüder! Ich werde bei der Predigt über

das Bilderverbot Anfang Februar noch einmal auf Gottes Leidenschaft gegen die anderen Götter zurückkommen und dann auch näher darauf eingehen, wie und wo wir das denn heute erleben, daß die anderen Götter uns beim Wickel nehmen.

Heute zum Schluß nur die Frage: Wer ist denn eigentlich der Gott, der sich da als mein Gott ausgibt? Wo finde ich ihn? Wo begegne ich ihm? Wie kommt es zu der befreienden, erlösenden Beziehung? — Gott sagt das selbst im ersten Teil seiner Selbstvorstellung: Ich bin — der Herr, so übersetzt Luther. Ich bin — Jahwe, so sagen die Theologen. Da steht ein Name, den man in Israel nicht in den Mund zu nehmen wagte. „Ich werde sein, der ich sein werde", so hat man den Namen gedeutet. Er, der ihn trägt, ist nicht zu fassen, und doch verpflichtet er sich selbst, immer wieder dazusein als „dein Gott". Mal sieht man nur eine Wolke, ein anderes Mal einen brennenden Strauch in der Wüste; mal einen rauchenden Berg, mal eine Krippe oder gar nur ein Kreuz, mal auch nur einen Menschen. Gebt acht! „Ich werde für euch dasein", hat er gesagt. So hat er auch heute und morgen verborgene Gelegenheiten bereit, uns in die Freiheit zu führen. Und dabei weckt er dann jedesmal das Zutrauen, das Bündnis mit ihm einzugehen und das zu tun, was Martin Luther zum ersten Gebot empfohlen hat: „Wir sollen Gott über alle Dinge fürchten, lieben und vertrauen." Amen.

DAS BILDERVERBOT

Predigt im Gottesdienst am 10. Februar 1980
in der Zionskirche in Bethel

Das Bilderverbot lautet in seinem Kern: „Du sollst dir kein Bildnis machen." — In 2. Mose 20 finden wir das Bilderverbot einerseits eng verknüpft mit dem 1. Gebot, andererseits finden wir beide Gebote eingebettet in einen Kranz von Aussagen, mit denen Gott sich selber uns Menschen vorstellt:

„Und Gott redete alle diese Worte: Ich bin der Herr, dein Gott, der dich aus Ägypten geführt hat, aus dem Hause der Knechtschaft. Du sollst keine anderen Götter haben neben mir. Du sollst dir kein Bildnis machen, keinerlei Abbild, weder von dem, was oben im Himmel, noch von dem, was unten auf Erden, noch von dem, was im Wasser unter der Erde ist. — Du sollst sie nicht anbeten (weder die anderen Götter noch irgendwelche Gottesbilder), diene ihnen nicht. Denn ich, der Herr, dein Gott, bin ein eifersüchtiger Gott, der die Sünde der Väter heimsucht bis ins dritte und vierte Geschlecht an den Kindern derer, die mich hassen; der aber Gnade erweist (und Treue hält) bis ins tausendste Geschlecht an den Kindern derer, die mich lieben und meine Gebote halten." (2. Mose 20, 4—6)

Liebe Schwestern und Brüder!

Nicht wahr, wir merken sofort, die Worte, in die die beiden ersten Gebote eingebettet sind, sind nicht nur Rahmenwerk. Sie haben vielmehr grundlegende Bedeutung, und zwar für alle 10 Gebote. Nicht von ungefähr tauchen in Luthers Katechismus vor allem die letzten Sätze als Zusammenfassung auf unter der Überschrift „Was sagt nun Gott zu diesen Geboten allen?" — Ich möchte die Schlüsselfrage zu diesen grundlegenden Sätzen so zuspitzen: Warum und wozu erläßt Gott diese Gebote alle? — Antwort: Weil es ihm hier wie überhaupt vom ersten Tag dieser Welt an bis hin zum letzten um eine gute, heile, verbindliche Beziehung zwischen ihm und uns Menschen zu tun ist. Die Bibel bezeichnet diese Beziehung als Bund, als Bündnis.

13

Wo immer Gott sich zeigt und spricht, da ist er darauf aus, ein Bündnis mit uns zu stiften und zu erhalten. Dem dienen auch die Gebote.

Bündnis — dieses Wort könnte für empfindliche Ohren nach Vereinnahmung klingen, zumal, wenn man sich Gott als Übermacht über den Menschen vorstellt. Genau das Gegenteil aber ist kennzeichnend für diese Beziehung. „Ich bin *dein* Gott", so sagt er. Gott vereinnahmt uns nicht für sich, sondern er verausgabt sich für uns: „. . . dein Gott!" Und worauf er dabei mit uns hinaus möchte, das trägt durchgängig das Kennzeichen der Befreiung: „Ich habe dich aus dem Hause der Knechtschaft geführt". Das heißt doch: Gott möchte mit uns so in Beziehung kommen, daß alles, was uns beengt und bedrängt und knechtet, sich löst und wir zu freier, gelöster, dankbarer — und darum menschenwürdiger Entfaltung unseres Lebens kommen. Könnt ihr euch wohl vorstellen, daß Gott geradezu eifersüchtig wird, wenn jemand seine Bündnisabsichten unterläuft und die Beziehungen zu ihm allenfalls als ein sonntägliches Techtelmechtel auffaßt? Eifersüchtig ist Gott — nicht auf die eigensüchtige gekränkte Weise, die einen anderen nicht loslassen kann; nein, eifersüchtig ist er aus Liebe zu uns. Wie könnte Gott sich damit abfinden, daß wir Menschen uns aus der Beziehung mit ihm lösen, in Unfreiheit und Abhängigkeit geraten und damit unser Menschsein aufs Spiel setzen! Daß dieses geschieht, das ist wohl wahr, aber in seiner Liebe zu uns kann Gott es sich nicht erlauben, daß es dabei bleibt. Seine Eifersucht treibt ihn bis zum äußersten: „Gott dräuet zu strafen", so heißt es in der Auslegung dieser Eifersucht im Kleinen Katechismus. Er läßt die Sünde, und das heißt doch: er läßt das Sich-Herauslösen aus dem Bündnis, niemandem durchgehen. Wer es nicht glaubt, der sehe auf das Kreuz: Da hat er ernst gemacht mit seinem Strafen. Da hat er einem von uns die Folgen der Sünde und der Gott-Losigkeit bis zum bitteren Ende zugemutet. Seine von Liebe bewegte Eifersucht ist es, die ihn bis dahin treibt. Aber nicht wahr, nun macht er ausgerechnet an eben diesem Kreuz fest, was schon eh das Ziel seiner Liebe war: „Ich, der Herr, dein Gott, tue wohl — so sagt Luther —, ich erweise Gnade — oder noch genauer: ich halte unverbrüchliche

Treue, und das über Tausende von Generationen hinweg, so daß immer aufs neue Menschen die Beziehungen zu mir wahrnehmen und annehmen, mich lieben und meinen Bund halten werden."

In dieser Erwartung und mit diesem Ziel gibt uns Gott nun die Gebote. Er, der eifersüchtige Gott, weckt damit unsere Wachsamkeit gegen fremde Liebhaber, gegen andere Götter, die sich neben ihm sozusagen als Nebenbuhler breitmachen können. Mit jedem der 10 Gebote macht er uns auf alle möglichen Nebenbuhler aufmerksam; auf etwas, was uns sozusagen den Kopf verdrehen könnte, woran wir — wie Luther es beschrieben hat — unser Herz hängen könnten. Nicht als ob es nur zehn andere Götter gäbe, in die wir uns verlieben könnten; die 10 Gebote nennen nur Beispiele von vielleicht besonders typischen oder alltäglichen oder auch raffinierten Neben-Liebhabern. Folgen wir also den Beispielen, die uns die alten 10 Gebote aufzeigen. Das heutige Beispiel heißt: „Du sollst dir kein Bild machen."

Im ersten Moment frage ich mich, ob unser guter Gott nicht doch allzu eifersüchtig ist, wenn er uns schon an dieser Stelle ausgerechnet bei dem Blick auf Bilder vor einem fremden Liebhaber warnt. Was gibt es für schöne, wertvolle Bilder, in wundervollen Farben gemalt, in Holz geschnitzt, in Stein gehauen, natürlich auch mit Darstellungen Gottes und seiner Geschichte auf Erden! Sollen wir denn verzichten auf all diese Kostbarkeiten, die vielen von uns zu Predigern und Weggefährten des Glaubens geworden sind? Fast kann ich verstehen, daß Luther das Bilderverbot in seinem Katechismus unterschlagen hat, zumal, wenn ich daran denke, wie die Bilderstürmer zu Luthers Zeiten unter Berufung auf dieses Gebot Kunstschätze aus den Kirchen zerstört und vernichtet haben. Wie soll man dieses Gebot also verstehen?

Ich will versuchen, das Verständnis dieses Gebotes aus dem Alten Testament selbst heraus zu erklären, und zwar, indem ich erzähle, was sich an einem der alten israelitischen Orte der Gottesverehrungen in Sachen „Bilder" im Laufe der Zeit abgespielt hat. Der Kultort heißt „Beth-El" — ein uns nicht ganz fremder Name, und das wird uns sicher hellhörig machen. —

Beth-El wird im Alten Testament zum ersten Mal erwähnt als der Ort, an dem der Erzvater Jakob auf der Flucht vor seinem Bruder übernachtete und an dem er im Traum die Himmelsleiter sah. Am anderen Morgen, so heißt es, da habe Jakob den Stein, auf dem sein Kopf geruht hatte, aufgerichtet zu einem Steinmal, er habe Öl darüber gegossen und den Ort „Beth-El" genannt: „Hier ist nichts anderes als ‚Gottes Haus' ". Dieser Stein war eine Art Bild, eine Erinnerung jedenfalls für spätere Generationen, daß Gott uns Menschen auf dieser Erde begegnet, auch auf den dunklen, von Angst und Schuld überschatteten Wegen.

Als Israel zum Volk wurde, suchte man Beth-El nach und nach immer häufiger auf. Man erinnerte sich, daß Gott hier einem Menschen begegnet war. Mehr noch: War hier nicht wirklich „Haus Gottes", Beth-El? Wohnt Gott nicht immer noch da, wo der Stein stand? Man betete an diesem Ort. Genau wie der Vater goß man Öl über den Stein. Nicht, als ob man in dem Stein eine Nachbildung Gottes gesehen hätte — so primitiv wurde nirgend von den Gottesbildern gedacht. Andererseits aber brachte man den Stein durchaus mit Gott in Verbindung: Es war ein Bild für Gottes Nähe. In dem Bild ist Gott gegenwärtig, so glaubte man. Da hat man ihn, da ist er nahebei. Und das ist wohltuend, das bringt Sicherheit. Natürlich bekommt man in dem Bild auch Gottes Macht zu spüren, und das kann bedrohlich und gefährlich sein. Aber ist nicht auch das heilsam, wenn's nur ordentlich prickelt?

In Beth-El ging man damals eines Tages noch einen Schritt weiter. Man wollte noch besser sehen, wie Gott richtig ist; wollte mehr vor Augen haben von seiner Macht und seiner Kraft, von seinem Glanz und seiner überragenden Größe. Es war zu Zeiten des Königs Jerobeam, da trugen die Menschen zusammen, was ihnen selbst besonders wertvoll und kostbar erschien, und formten sich daraus ihr Gottesbild. Die Frauen trugen ihre goldenen Ohrringe herbei, die Männer ihre goldenen Armreife. Und daraus gossen sie ein goldenes Kalb. „Das ist dein Gott, Israel" — so riefen sie — „das ist dein Gott, der dich aus der Knechtschaft geführt hat." Ja, jetzt sieht man endlich, wie glänzend und wie stark und wie großartig Gott ist.

Beim Tanz um das Goldene Kalb geriet man in Begeisterung für das selbstgeschaffene Heilsbild. Man jubelte ihm zu, und es kam zu regelrechten Liebesbezeugungen. Nur eines merkte man nicht: das goldene Bild hatte die Menschen längst im Griff und forderte Opfer um Opfer. Man konnte sich ihm nicht mehr entziehen, man mußte sich ihm unterwerfen und ihm gehorchen, bis dahin, daß alle Stimmen ausgeschaltet wurden, die in die Freiheit Gottes riefen, notfalls mit Gewalt. Erst als Gott selbst das lächerliche Abbild zerstampfen ließ, da wurde der Zwang bewußt, den es ausgeübt hatte. Da aber war es zu spät für Beth-El.

Liebe Schwestern und Brüder, ist das nicht unheimlich — diese Geschichte von Beth-El? Vielleicht sogar unheimlich-aktuell? — Beth-El — ein Ort der Erinnerung daran, daß Gott uns Menschen auf unseren Wegen begegnet — gut, daß wir uns daran auch hier gegenseitig erinnern dürfen. Wie aber, wenn wir uns im Zuge solcher Erinnerungen einbilden, die in Bethel aufgerichteten Steine bildeten Gottes Gegenwart ab? Wie, wenn wir bei anderen den Eindruck erwecken, als hätten wir Gott ein Haus gebaut, in dem man seiner habhaft werden könnte? Ja, entwickeln wir im Zusammenhang der Erinnerung an vergangene Gottesbegegnungen nicht manchmal eine gewisse Liebhaberei für Bilder von Gott? Wir hauen sie nicht in Stein und gießen sie nicht aus Gold. Wir bilden sie in unseren Gedanken, und dabei entstehen Gottesgebilde aus unseren edelsten und wertvollsten Wünschen und Ideen: ein Gott der Ordnung zum Beispiel, ein Gott, der die Bösen bestraft, und unter ihnen ganz besonders die Faulen; ein Gott, der die Guten belohnt, und unter ihnen besonders die fleißigen Dauerarbeiter. Und natürlich gehört zu diesem Gottesbild, daß er das Beten von uns verlangt, und einen starken Glauben, und den Nachweis von Gotteserlebnissen, und daß wir bei alledem recht fröhliche Menschen sind. Ob wir vor lauter Begeisterung wohl merken, wie eisern einen solche Gottesbilder in den Griff nehmen und knechten können? Manchmal, wenn ich Christen jammern höre, daß wir doch allzumal gar nicht so sind, wie wir sein müßten, dann höre ich aus solchem Jammern das Seufzen unter der Knechtschaft der selbstgemachten

Gottesbilder heraus. Und manchmal brechen Christen unter dem Zwang ihrer Gottesbilder regelrecht zusammen.

„Du sollst und du brauchst dir kein Bild zu machen!" sagt der Herr, dein Gott. Merkt ihr, er will auch an dieser Stelle nichts weiter, als uns aus der Knechtschaft herausführen und befreien. Ich stelle mir vor, es muß eigentlich richtig Spaß machen, Bilderstürmer zu sein und zum Bildersturm anzustiften. Es muß wirklich befreiend sein, wenn man sich gegenseitig im Namen Gottes die Abbilder abnehmen darf, die dauernd fromme Opfer verlangen, wenn man sich gegenseitig lossprechen darf von dem Zwang, den sie ausüben: „Du, du brauchst dir wirklich kein Bild zu machen — schon deshalb nicht, weil Gott unvergleichlich ist." Es gibt auf der ganzen Erde und im Himmel und unter der Erde nichts, was Gott abbilden könnte. Der Stein ist Stein, das Gold ist Gold, nichts weiter, und was du dir wünschst und vorstellst, sind eben auch nur deine Wünsche und Vorstellungen; ein Stück Welt, nichts mehr, wohl von Gott geschaffen, aber eben nicht Gott selbst. Laß es sein, etwas Göttliches daraus zu machen. All deine Wunschbilder nach dem, was sein könnte wie Gott, machen dich unfrei und setzen dich unter Zwang, enttäuschen dich letztlich und enden in einem tiefen Fall. Laß das mit den Gottesbildern auch deshalb sein, weil du dich damit in Gottes Werk einmischen würdest. Weißt du nicht, daß er sich selbst längst ein Bild geschaffen hat? „Gott schuf den Menschen zu seinem Bilde." Könnte es sein, daß du nach Gottesbildern trachtest, weil du deinen Bruder, deine Schwester, dich selbst nicht mehr als Gottesbild erkennen kannst? Bedenke: Gott hat sich in dieser Sache endgültig festgelegt, zuletzt in Jesus von Nazareth. Kurt Marti hat das in einem Weihnachtsgedicht so beschrieben: „Damals — als Gott — im Schrei der Geburt — die Gottesbilder zerschlug — und — zwischen Marias Schenkeln — runzlig-rot — das Kind lag." — Ein anderes Gottesbild gibt es nicht. Ob du es wiederentdeckst, in den Menschen neben dir, so wie sie sind? Auch bei dir selbst, so wie du bist? — Amen.

DAS ZWEITE GEBOT

Predigt im Abendmahlsgottesdienst am 9. März 1980
in der Zionskirche in Bethel

*„Gott spricht: Ich bin der Herr, dein Gott, der dich aus Ägypten ge-
führt hat, aus dem Hause der Knechtschaft. Du sollst den Namen
des Herrn, deines Gottes, nicht mißbrauchen, denn der Herr wird
den nicht ungestraft lassen, der seinen Namen mißbraucht." (2. Mose
20,7)*

Liebe Schwestern und Brüder!
„Im Namen Gottes" haben wir diesen Gottesdienst angefangen. Der Name Gottes kam in den Liedern und Gebeten vor,
die wir gesungen und gebetet haben. Nach Gott ist diese unsere Versammlung benannt, „Gottes-Dienst". Nach dem Namen
seines Sohnes nennen wir uns „Christen". Und nun macht
Gott diesen unseren Gebrauch seines Namens im 2. Gebot
zum Thema: Wie reden wir von Gott? Zuviel? Oder zuwenig?
Wie gehen wir mit seinem Namen um? Mißbrauchen wir ihn?
Heben wir ihn — wie es wörtlich heißt — ins Leere, ins Nichti-
ge empor, oder lassen wir ihn in unser Leben herein, auf unseren Weg herabkommen?
Es ist ja ungeheuer wertvoll, wenn man den Namen eines anderen kennt. Manchmal kommt es vor, daß ich jemanden von
euch auf der Straße treffe und ihn gerne grüßen und sprechen
möchte. Aber ich weiß seinen Namen nicht. Da ist es mir eine
große Hilfe, wenn der andere auf mich zukommt und mir seinen Namen nennt: „Ich bin der . . ." Jetzt weiß ich: Er erlaubt
mir, daß ich ihm näher-komme. Ich darf ihn grüßen, ansprechen,
er möchte etwas mit mir zu tun haben, und ich kann auf
ihn eingehen. — Wie gut, daß Gott uns seinen Namen nennt.
„Ich bin — der Herr, dein Gott." Damit sagt er uns: „Ich
möchte etwas mit euch zu tun haben. Wir wollen uns näher-
kommen. Wir wollen uns grüßen, wenn wir uns treffen. Wir
wollen uns ansprechen, mit Namen! Ich nenne euch beim Namen, und ihr nennt mich mit Namen!"

Wie heißt Gott? Wie lautet sein Name? „Ich bin . . . der Herr"
— Herr, das ist in unserer Sprache eigentlich kein Name, sondern nur eine Anrede oder ein Titel. Tatsächlich aber steht hier
in der hebräischen Bibel ein Name. Keiner weiß, wie er ausgesprochen wird. „Jehova", vermuten die einen, „Jahwe", meinen die anderen. Manche, z. B. unsere Brüder und Schwestern
in Israel, nehmen den Namen Gottes gar nicht in den Mund;
zu kostbar, zu wertvoll ist er ihnen, als daß sie ihn dem
menschlichen Mundwerk anzuvertrauen wagten. Immerhin haben sie den Namen gedeutet und dabei bezeichnet, was ihnen
diesen Namen so wertvoll macht: „Ich werde für euch dasein",
so heißt sein Name im Klartext. Sein Name besagt also etwas:
Immer, wenn Gott ihn nennt, dann streckt er uns gleichsam
seine Hand entgegen. Und diese Hand will mehr als einen
flüchtigen Gruß: Sie hebt auf, sie trägt, sie weist nach vorne:
morgen, an jedem neuen Tag, ja selbst am letzten gilt: Ich werde für euch dasein.
Merken wir: Mit der Nennung seines Namens öffnet sich Gott,
macht er sich zugänglich für uns. Und wenn er sich mit seinem
Namen vorstellt, gewinnt man die Gewißheit: Ich kann jeder-
zeit das Herz dieses Gottes erreichen.
Jesus hat einmal gesagt, er komme, damit an seiner Person der
Name Gottes verklärt werde; an ihm solle die Kostbarkeit des
Gottesnamens klar werden und zum Leuchten gebracht werden. Seht nur, wie Gottes Name leuchtet — am Kreuz: „Ich
werde für euch dasein." Schmeckt es im Abendmahl, wie Gott
sich für euch öffnet: „Ich bin dein Gott." Wie gut, daß Gott
diesen Namen hat. Damit kann man leben, ganz gelassen, un-
besorgt, voller Hoffnung. Er wird für uns dasein, und das
genügt.
Und wie gehen wir mit Gottes Namen um? Wie reagieren wir,
wenn er sich uns so vorstellt? — Das versteht sich keineswegs
von selbst. Schon unter uns Menschen kann es ja auch ziemlich
versuchlich sein, wenn einer den Namen eines anderen weiß.
In der Gemeinde, in der ich früher gearbeitet habe, habe ich es
einmal erlebt, daß ein Zeitschriftenwerber, der meinen Namen
kannte, ohne mein Wissen von Haus zu Haus ging und sagte:
„Schöne Grüße von Pastor Busch, und wir wollen jetzt alle die

und die Zeitung bestellen." Die Kenntnis meines Namens diente ihm nicht etwa dazu, Verbindung mit mir aufzunehmen, sondern er leitete davon eine gewisse Macht für sich ab, die er für seine geschäftlichen Interessen ausnutzte. — Liebe Gemeinde, wie halten wir's mit Gottes Namen? Ist uns klar, welche Versuchung zur Macht darin liegt, daß er uns seinen Namen nennt? Gott bangt zwar nicht um seine Macht; er macht es nicht wie Rumpelstilzchen: „Ach wie gut, daß niemand weiß..." Nein, Gott sagt, wie er heißt; er gibt sich in unsere Hand. Aber was machen wir damit? Ob es da auch so etwas gibt, daß wir ihn für unsere Geschäfte ausnutzen? „Sie sagen ‚Gott‘ und meinen ‚Kattun‘ " — hängt es den Christen Europas in der Dritten Welt nicht immer noch an, daß wir die Ausbreitung des Namens Christi mit wirtschaftlichen Interessen verbunden haben? Ist das, was wir als Kirche oder als Diakonie Jesu Christi bezeichnen, wirklich ein Werk des Heiligen Geistes unter uns Menschen, oder bemänteln wir mit dem göttlichen Namen in Wahrheit unsere eigenen, eigensüchtigen Machenschaften? Was ist eigentlich dran an den Stimmen, die im Zusammenhang mit dem Besuch des Bundespräsidenten bei uns gefragt haben, ob bei einer solchen Begegnung an einem Ort, der nach Gott benannt ist, nicht noch ganz andere Fragen zur Sprache kommen müßten; Fragen zum Beispiel, die mit unser aller Vergangenheit zusammenhängen? Und wie gebrauchen wir unter uns den Namen Gottes? Ja, ja, er kommt vor in unseren Gesprächen, in unseren Predigten. Aber ist er nicht oft nur eine Worthülse, mit frommen Worten ins Leere emporgehoben? Gibt es nicht sogar Gebete, in denen wir — statt daß wir uns auf ihn einlassen — Gottes Namen vor den Karren unserer Wünsche zu spannen versuchen?
„Du sollst den Namen deines Gottes nicht mißbrauchen!" All diese ängstlichen Versuche, dem eigenen Tun und Reden bis hin zum Fluchen und Schwören mit Hilfe des Gottesnamens mehr Kraft und Wirkung zu verleihen, tragen ihre Strafe bereits in sich. Gott macht nicht mit. Wer Gottes Namen mißbraucht, hebt ihn ins Nichts, verliert ihn; denn er schlägt selbst die Begegnung mit Gott aus, die Gott ihm mit der Nennung seines Namens ermöglichen wollte.

Von Jakob, dem Erzvater, dem Begründer des biblischen Beth-El, wird erzählt, er habe einst bei Nacht eine geradezu hautnahe Begegnung mit Gott gehabt. Einen regelrechten Kampf habe er geführt. Und dann, als es so aussieht, daß er diesen Kampf durchstehen könnte, da will Jakob mehr in der Hand haben und stellt die lüsterne Frage: „Sage mir doch deinen Namen." Gott aber weist die Zudringlichkeit zurück: „Warum fragst du mich nach meinem Namen? Wenn du meinen Namen in die Hand nimmst und damit manipulierst, verlierst du alles, was er besagt." — Liebe Gemeinde, das ist bitter, wenn man von dem, was Gott uns verspricht, so gar nichts Festes, Sicheres zu fassen bekommt. Er sagt, sein Name heiße „Immanuel", „Gott mit uns", aber sobald wir uns das auf unsere Fahnen schreiben und damit gegen andere zu Felde ziehen, geht es verloren, und wir haben Gott gegen uns. Auch Jakob mußte diese Bitterkeit erleben. Es hat ihm damals einen Schlag versetzt, so daß er sein Leben lang hinken mußte. Ausgerechnet dieser dreiste, zudringliche und schließlich geschlagene Jakob aber erlebt in derselben Nacht völlig unerwartet das, was Gottes Name besagt: „Ich werde für euch dasein." Er erfährt es so, daß Gott ihm erlaubt, seinen eigenen Namen zu nennen: „Wie heißt dein Name?" fragt ihn Gott, und spontan antwortet Jakob und nennt seinen Namen.

Darauf will Gott hinaus. Wenn er sich mit seinem Namen vorstellt, dann schafft er damit ein Klima, das uns Mut macht, ihm unseren Namen zu nennen. Vielleicht probierst du es einfach einmal aus; sagst ihm, wer du bist, woher du kommst, was du mitgebracht hast in diesen Gottesdienst, was dich freut, was dich bedrückt, was morgen kommt. Stell dich ihm vor. Vielleicht erlebst du dabei Gott so nahe, wie es sein Name verspricht, und dann sag ihm: Gott, ich bin da für dich.

Wir können ihm übrigens auch unseren gemeinsamen Namen sagen: Wir heißen Beth-El, genau genommen heißen wir also nach dir, Gott. Wir möchten gerne, daß unsere Gemeinde die Spuren deines Namens trägt, die Spuren dessen, daß du für uns Menschen da bist. Manchmal werden wir verführt, dich und deinen Namen nachzuweisen und vorzuführen, für uns und für andere, und dann wird jedesmal ein christliches Mäntelchen daraus, mit dem wir unsere eigenen Errungenschaften behängen. Bewahre uns vor dem christlichen Mäntelchen, damit wir dich nicht verlieren. Wir möchten noch besser lernen, daß du selbst unserem Beth-El-Namen Glaubwürdigkeit verleihen kannst.

Liebe Schwestern und Brüder! Dem 2. Gebot entspricht die 2. Bitte des Vaterunsers: „Geheiligt werde dein Name." Wer so betet, öffnet sich für die Begegnung, die Gottes Name ermöglicht. Sind wir bereit, so zu beten? — Amen.

DAS DRITTE GEBOT

Predigt im Gottesdienst an Ostern, 6. April 1980
in der Sarepta-Kapelle in Bethel

*Zum Osterfest besinnen wir uns auf das dritte Gebot Gottes. Aus
Luthers Katechismus kennen wir es in folgendem Wortlaut: „Du
sollst den Feiertag heiligen." — In 2. Mose 20, 8—11 heißt es so:
„Gott spricht: Ich bin der Herr, dein Gott, der dich aus Ägypten
geführt hat, aus dem Hause der Knechtschaft. Gedenke des Sabbat-
tages, daß du ihn heiligest. Sechs Tage sollst du arbeiten und alle
deine Werke tun. Aber am siebenten Tag ist der Sabbat des
Herrn, deines Gottes. Da sollst du keine Arbeit tun, auch nicht dein
Sohn, deine Tochter, dein Knecht, deine Magd, dein Vieh, auch
nicht dein Fremdling, der in deiner Stadt lebt. Denn in sechs Tagen
hat der Herr Himmel und Erde gemacht und das Meer und alles,
was darinnen ist, und ruhte am siebten Tag. Darum segnete der
Herr den Sabbat und heiligte ihn."*

*„Dies ist der Tag, den der Herr macht. Lasset uns freuen und fröh-
lich darinnen sein." Dieser Satz aus dem 118. Psalm steht seit alten
Zeiten über dem Osterfest.*

Liebe Schwestern und Brüder!
Ich möchte euch bitten, diese Überschrift heute einmal ganz
wörtlich und ganz direkt zu nehmen: Dies ist der Tag, den der
Herr macht. Da, nehmt diesen Tag als von Gott selbst gemacht. So wie Gott die Welt geschaffen, wie er uns Menschen
gemacht hat, so macht er diesen Tag. Da bitte, da habt ihr einen
Zeitraum, der gehört Gott. Und zum Zeichen dafür hat Gott
diesen Tag „geheiligt", das heißt: Er hat ihm sein eigenes, unverkennbar göttliches Merkmal angehängt. Heute ist sein Tag,
der Tag des Herrn. Darum nimmt er sich die Freiheit, über diesen Tag zu verfügen. Und seine Verfügung lautet: Dieser Tag
soll ein Fest sein. Gott will feiern und lachen und fröhlich sein.
Und weil Gott nicht gerne alleine feiert, lädt er zum Mitfeiern
ein. Er möchte bei seinem Fest seine ganze Schöpfung mit dabei haben, dich und mich natürlich auch. Und so öffnet er dir

mit diesem Tag einen Raum, damit du darin etwas sehr Schönes und Festliches erlebst. „Gedenke des Feiertages, daß du ihn heiligest." Heiligen, das heißt: Laß diesem Tag sein unverkennbar göttliches Merkmal. Nimm ihn als Tag des Herrn. Verfüge über ihn, wie Gott darüber verfügt hat: Dies ist der Tag, den der Herr macht, lasset uns freuen und fröhlich darinnen sein.

Und nun möchte ich euch einladen, den Raum dieses Herrentages ein wenig abzuschreiten, vielleicht in Gedanken zunächst, aber doch in der Erwartung, daß die Freude des Festes uns ergreife und diesen Tag und viele Tage bestimme. Dabei wollen wir uns orientieren an Erfahrungen, die Menschen vor uns mit diesem Tag gemacht haben, Erfahrungen, wie man sie im Alten und Neuen Testament aufgezeichnet findet.

Eine überraschende, geradezu bestürzende Erfahrung mit dem Herrentag machten zum Beispiel die Menschen, die früh am Ostermorgen das Grab Jesu besuchen wollten. Ihr ganzes Sinnen und Trachten war darauf gerichtet, etwas zu tun, etwas Gutes, etwas Frommes. Sind sie ihrem Jesus nicht besondere Liebestaten schuldig? Müssen sie um seinetwillen nicht das Allerbeste und Kostbarste anschaffen? Selbst das Grab kann ihren Tatendrang nicht bremsen. Nur eine Sorge haben sie: Wer wälzt uns den Stein weg? Wie schaffen wir beiseite, was sich unserem Wollen und Planen in den Weg stellt? — Aber dann erleben diese Menschen den Tag des Herrn und müssen erfahren, daß alles scheitert, was sie tun und schaffen wollen. Gott läßt ihnen buchstäblich keinen Raum für ihre frommen Pläne und ihren gutgemeinten Tatendrang. Der Stein ist weg. Das Grab ist leer. Gott hat diesen Tag gemacht, und was er an diesem Tag macht, das bricht dem merkwürdigen menschlichen Streben, sich durch Leistung und viel Schaffen zu verwirklichen, die Spitze ab. Am Herrentag gibt's nichts mehr zu tun!

Liebe Gemeinde, was sich da an Ostern vollzieht, das hat eine lange Geschichte. Immer wieder wird im Zusammenhang des Herrentages auf die ersten Blätter der Bibel verwiesen, auf den Tag, an dem Gott seine Schöpfungsarbeit vollendete. Die Bibel erzählt das so, daß Gott, nachdem er sein letztes Schöpfungswerk geschaffen hatte, an einem neuen, besonderen Tag seine Arbeit so vollendete, daß er von allen seinen Werken „ruhte". „Gott ruhte" — da steht im Hebräischen das Wort, das diesem Tag den Namen gab: „Schabbat". Dieses Wort bedeutet schlicht „aufhören", „schlußmachen", „seinlassen", „ruhen". — Das ist die Prägung, die Gott dem Tag gegeben hat, an dem er seine Schöpfung vollendete. Das ist nach der Erschaffung der Menschen das erste, was die Menschen an ihrem Gott sehen: Er hört auf. Er läßt die Arbeit und das Schaffen sein. Gott ruht.

Und genau das ist es, was er uns vermitteln möchte, was wir ihm geradezu abgucken sollen: Am Sabbat des Herrn, deines Gottes, sollst auch du keine Arbeit tun. Hör auf! Laß es sein! — Ich merke: Mit diesem Gebot berührt Gott mich tief. Er sorgt sich nicht etwa nur um meine Freizeit; nein, indem er diesen Tag macht, möchte er meinem Leben eine neue Ausrichtung geben, seine ihm eigene Grundrichtung. Aber ich merke, wie er mir damit in die Quere kommt, quer zu einer ganz anderen, zu der mir eigenen Ausrichtung meines Lebens. Da ist etwas in mir, das läßt mich nicht zur Ruhe kommen. Ich kann nur schlecht aufhören. Ich will's nicht sein lassen. Ich muß weitermachen, ich muß etwas tun. Es ist, als hinge mein Leben an dem, was ich schaffe. Sicher, es gibt auch Pausen. Aber es sind Pausen wie beim Autorennen: Pausen zum Auftanken, Pausen, um sich wieder fit zu machen. Pausen, die in Wahrheit aufs neue nur der Arbeit und dem Schaffen dienen. Natürlich hat man gelegentlich auch mal Zeit, ein langes Wochenende, Ferien sogar. Aber dann macht man weiter, macht in Vergnügen. Mal ganz etwas anderes tun! — Schön und gut — aber eben wieder: tun! Wer könnte schon ruhen? — Und dann merke ich, wie sich diese Ausrichtung meines Lebens einschleicht in mein Verhältnis zu Gott: Ich mache Gottesdienste und Andachten. Ich verrichte Gebete und veranstalte eine Stille Stunde nach der anderen. Und am Ende empfinde ich sogar so etwas wie Stolz, daß ich Gott das alles als meine Arbeit für ihn zu Füßen legen kann. Gott aber fährt mit seinem Sabbat dazwischen: Hör auf! Laß es sein! — Merken wir: Mit dem Herrentag fügt Gott unserem Dasein nicht etwa noch so ein kleines Festchen hinzu. Er hat es vielmehr auf die verkehrte, lebensgefährliche

Ausrichtung unseres Lebens abgesehen, die uns immerfort antreibt und in Atem hält, als müßten und könnten wir durch unsere Leistung und unser Schaffen ans Ziel unseres Lebens kommen. Hör damit auf! Mach damit Schluß! Was je zum Leben zu tun und zu schaffen ist, das ist vollbracht, spätestens am Kreuz von Golgatha. Dem ist nichts mehr hinzuzufügen.

Liebe Gemeinde, ich kann verstehen, daß die Menschen, die am ersten Ostertag das Scheitern ihres menschlichen Tuns erleben, mit Zittern und Entsetzen davonlaufen. Aber siehe da, damit ist ihre Ostererfahrung nicht zu Ende. Mitten in diesem Scheitern an sich selbst gewinnen diese Menschen an dem Tag, den der Herr macht, das Leben. Noch am gleichen Tag machen sie Erfahrungen, von denen es am Ende heißt: „Da wurden die Jünger froh." —

Das hängt wieder mit der langen Vorgeschichte des Herrentages zusammen. Das Ruhen Gottes an seinem Sabbattag wird im Alten Testament noch mit zwei anderen hebräischen Worten beschrieben. Das eine hat die Bedeutung: „Aufatmen", „Atem schöpfen"; in Luthers Übersetzung steht: „Gott ruhte und erquickte sich." Das andere Wort hat die Bedeutung: „sich niederlassen", „ausruhen", „verweilen". Diese beiden Worte machen deutlich, daß Sabbatruhe keine Friedhofsruhe ist. Sie lassen erkennen, daß über Gottes Ruhetag eine Atmosphäre der Freiheit, der Freude und der Festlichkeit liegt. Gott atmet auf, und dieses befreite Aufatmen steckt an. Gott verweilt bei dem, was er gemacht hat. Er wendet sich seinen Geschöpfen zu. In Ruhe ist er für jeden da. Gott hat Zeit, ganz lange Zeit. Er knüpft Verbindungen, er pflegt Beziehungen. Und dadurch regt er erst recht das Leben an. Gott feiert das Leben, das er geschaffen hat. So wird der Sabbat des Herrn zum ersten Lebenstag des Menschen.

Ich merke, wie Gott diesen Ruhetag gegen unser von Angst getriebenes Schaffen und Arbeiten und Streben setzt: Ihr braucht dem Leben nicht mehr nachzujagen. „Kommet her zu mir, alle, die ihr mühselig und beladen seid, ruft Jesus, ich will euch erquicken." — „Ich lasse euch aufatmen und zur Freiheit kommen." An Ostern hat er's festgemacht und unserem Leben seine Ausrichtung gegeben. Du brauchst dein Leben nicht zu machen, weder durch Arbeit noch durch Leistung, vor Gott nicht und vor den Menschen schon gar nicht. Seit es den Tag gibt, den der Herr gemacht hat, hat dein Leben begonnen.

Und wenn du diesen Tag heute erlebst, so ist das nicht nur eine angenehme Unterbrechung des Alltags. Nein, hier hat Gott dir einen Raum geöffnet, in dem du dich in seine Grundrichtung einüben kannst. Gib acht: Da begegnest du Gott, und du erlebst, daß er dich nimmt, wie du bist. Warum willst du selbst etwas aus dir machen? Nimm dich, wie Gott dich nimmt. Sei wie du bist. Sieh doch, Gott freut sich an dir. Freu dich, daß du bist, wie du bist. Nimm ihn doch wahr, diesen Raum der Freiheit, den Gottes Aufatmen dir schafft. Atme selber aus. Laß den Druck heraus, unter dem du stehst. Laß die immer noch geschäftigen Hände ruhen. Öffne sie. Halte dich selber offen wie eine Schale; denn was du brauchst, gibt es nur geschenkt. Und was er dir heute gibt, das gibt er allen: „Ich lebe, und ihr sollt auch leben."

Und nun fügt Gott das alles ganz konkret in unser Leben hinein. Nun gibt es da in der Zeit, die uns zugemessen ist, ganz regelmäßig einen Sabbat, einen Sonntag, einen Ruhetag, einen Lebenstag. — Ich muß sagen: Je länger ich über dieses Gebot nachgedacht habe, desto mehr hat es mich fasziniert. Was ist das für eine kühne Einrichtung, daß der Lauf der menschlichen Geschäftigkeit immer vor oder nach sechs Tagen durch solch einen Ruhetag unterbrochen wird. Das Volk Israel hat gewußt, welche Lebenskraft dahinter steckte. Deshalb haben sie kein Gebot so strikt gehalten wie dieses. Selbst in der Zerstreuung, selbst in Gefangenschaft und Straflagern haben sie stolz wie Könige den Sabbat gehalten und dadurch immer neue Lebenskraft gewonnen. Das Geheimnis dieser Kraft war nicht sture Gesetzlichkeit — die gab es sicher auch. Nein, Israel nahm die Freiheit buchstäblich an, die der Tag des Herrn ausstrahlt. In dieser Freiheit gönnte jeder nicht nur sich selber Ruhe; die Menschen ließen auch einander in Ruhe. Am Sabbat dehnte keiner seine Ansprüche auf andere aus. Selbst der Sklave, selbst das Tier durften ruhen. Niemand arbeitete. Man lebte, als hätte man nichts, was gewonnen, vermehrt oder gesichert werden müßte. Leben, einfach leben, essen, trinken, feiern, beten — das war alles am Feiertag. Liebe Gemeinde, solcher Ruhe kommt man durch die Errungenschaft der Fünf-Tage-Woche noch nicht ohne weiteres näher. Ein Tag pro Woche wäre schon genug. Ein Tag, an dem wir einfach nur leben, offen für Gottes Anrede, bereit, in seiner Freiheit miteinander zu feiern. Wahrscheinlich brauchen wir gar nicht mal viel mehr Zeit. Mit Sicherheit aber brauchen wir mehr Ewigkeit, so daß Gottes lebenschaffende Sabbatruhe unserem Leben die Richtung gibt. Ich denke, das würde auch unserem Werktag mehr Glanz geben. Womöglich spüren dann sogar unsere Mitmenschen etwas von der Freiheit, die wir ihnen gewähren. Und warum sollten wir nicht auch morgen leben, als hätten wir nichts, was wir halten oder sichern müßten; nur einfach leben, wie wir sind. Schließlich gilt auch morgen, was heute gilt: „Dies ist der Tag, den der Herr macht, lasset uns freuen und fröhlich darinnen sein." Amen.

DAS VIERTE GEBOT

Predigt im Gottesdienst am 18. Mai 1980
in der Zionskirche in Bethel

*„Gott spricht: Ich bin der Herr, dein Gott, der dich aus Ägypten ge-
führt hat, aus dem Hause der Knechtschaft. Ehre deinen Vater und
deine Mutter, damit du lange lebst in dem Land, das der Herr, dein
Gott, dir geben will." (2. Mose 20, 12)*

Liebe Schwestern und Brüder!
Ich nehme an, daß das vierte Gebot vielfältige und zugleich
recht unterschiedliche Gedanken in uns wachruft. Viele von
uns denken wahrscheinlich spontan an früher, an die Zeit, als
sie noch Kinder waren, als dieses Gebot spürbar ihr Verhältnis
zu den Eltern bestimmte. Gehorsam gegenüber den Eltern, das
galt selbstverständlich und verbindlich. Was Vater oder Mutter sagten, das mußte befolgt werden. Sie hatten die Macht.
Ungehorsam gegen die Eltern, das galt als schwere Sünde. Wehe, wenn man dabei ertappt wurde! Jemand erzählte einmal:
„Dann mußten wir Kinder alle antreten, und nach der Straf-
predigt des Vaters mußten wir im Chor das vierte Gebot aufsa-
gen, mit Luthers Erklärung: ‚Wir sollen Gott fürchten und lieben, daß wir unsere Eltern und Herren nicht verachten noch
erzürnen, sondern sie in Ehren halten, ihnen dienen, gehorchen, sie lieb und wert haben.' " — Viele haben gelitten unter
der harten Erziehung ihrer Eltern und denken mit Schrecken
daran zurück. Andere dagegen sagen: „Hart war es wohl, aber
— es hat uns nicht geschadet." Und mancher fügt hinzu: „Eine
etwas strengere elterliche Hand täte den jungen Menschen
heute ganz gut!"
Vielleicht denkt er dabei an die Welle der antiautoritären Erziehung, die vor Jahren als eine Art Gegenbewegung gegen
frühere Erziehungskonzepte über uns kam. Das Kind soll
selbst bestimmen, so hieß es da; ohne Zwang, ohne Druck von
außen soll es sich entfalten; dazu braucht es Freiheit statt fremde Autoritäten. Seinen eigenen Bedürfnissen soll es folgen,

statt zu gehorchen. Viele waren fasziniert von dieser Idee und gaben ihren Kindern freien Lauf. Andere, die immer schon gewarnt hatten, finden ihre Sorge inzwischen bestätigt und fragen, ob nicht viele Mißstände in Familien und manche Zügellosigkeit unter jungen Menschen daher rühren, daß das Eltern-Gebot in Vergessenheit geriet.

Und dazwischen, so vermute ich, gibt es unter uns Menschen, bei denen rührt das vierte Gebot an eine offene Wunde. Es erinnert an ein Erfahrungsfeld, auf dem viele von uns mit all' ihren schönen Grundsätzen und Methoden immer wieder scheitern. Da knallen zu Hause die Türen, und man brüllt sich an. Da legt sich eisiges Schweigen zwischen Eltern und Kinder, man hat sich nichts mehr zu sagen. Da macht sich jeder mit seinen Ansprüchen breit, und das stößt sich hart im Raum. Da mutet man der Mutter nahezu alle Haus- und Dreckarbeit zu, bis sie darunter zusammenbricht. Da wird jungen Menschen die Familie zu eng, und sie hauen ab. Mal gelingt es eine Zeitlang, Risse zu flicken und die Harmonie wieder herzustellen. Aber dann beherrschen die Konflikte und Probleme wieder das Feld. „Du sollst deinen Vater und deine Mutter ehren", das klingt dann allenfalls wie ein billiger Kalenderspruch, aber es greift nicht mehr.

Vielleicht gilt das auch für diejenigen unter uns, die schon lange ohne Vater und Mutter leben. Vielleicht haben sie ihre Eltern nie gekannt. Vielleicht wurden sie früh von ihnen getrennt. Vielleicht standen die leiblichen Eltern in Konkurrenz mit Ersatz-Eltern und gingen dadurch verloren. So kann es sein, daß auch hier das Eltern-Gebot eine offene Wunde berührt; denn mancher, der nie eine rechte Beziehung zu Eltern fand, bleibt insgeheim sein Leben lang auf der Suche nach Vater und Mutter, und diese Suche verschafft ihm ebenfalls Konflikte und Probleme, die nicht einfach gelöst sind, wenn man ihm sagt: „Ehre deinen Vater und deine Mutter."

Ein weites Feld also von Gedanken und Erinnerungen, von Theorien und Erfahrungen, auf das uns das vierte Gebot führt. Was bewirkt das Gebot auf diesem Feld? — „Damit du lange lebst", das ist die Wirkung, die Gott selber angibt. „Damit du lange lebst in dem Land, das der Herr, dein Gott, dir geben will." Also kein neues Konzept zum Verhältnis von Eltern und Kindern, keine neue oder alte Erziehungsmethode, auch keine Strategie zur Konfliktbewältigung in der Familie, sondern schlicht: „Damit du lange lebst". Da, auf dem erlebnisreichen und oft konfliktreichen Feld des Verhältnisses der Generationen zueinander, da ist Raum, in dem sich Leben entfalten kann und soll. Dein Leben wächst und gedeiht in der Beziehung zu Vater und Mutter. Und auch für deine Eltern birgt die Beziehung zu dir Leben. Es ist Gottes freundliche Vorsorge und Fürsorge für uns, daß er in dem Verhältnis von Eltern und Kindern einen Nährboden zum Wachstum des Lebens angelegt hat. Dieses Leben gilt es zu entdecken und auszukosten — und also schlicht zu leben.

Wenn ich's recht überlege, so wird damit etwas ausgesprochen, was mir ganz unmittelbar einleuchtet. Natürlich, *daß* ich bin und *wie* sich mein Leben entwickelt hat, daran haben meine Eltern ganz wesentlichen Anteil. Sie haben mit mir gesprochen, so habe ich sprechen gelernt. Sie haben mit mir gespielt und gelacht, so habe ich spielen und lachen gelernt. Sie haben mich eines Tages losgelassen, so habe ich laufen gelernt. Vieles habe ich bewußt oder unbewußt von ihnen abgeguckt und so in mich hineingenommen, daß es bis heute zu meinem Leben gehört. „Ehre deinen Vater und deine Mutter", d. h. zunächst einmal: „Erkenne an, daß deine Eltern wichtig für dich sind." — Das hebräische Wort, das hier für das deutsche Wort „ehren" steht, hat die Bedeutung: Jemandem Gewicht verleihen, jemanden als gewichtig anerkennen, und zwar an seinem Platz in der Gemeinschaft. — Also: Erkenne das Gewicht und die Bedeutung an, die Vater und Mutter in der Beziehung zu dir haben. Mach dir's nicht zu leicht mit ihnen. Schüttele sie nicht ab. Räume ihnen das nötige Gewicht ein. Es kostet sonst dein Leben.

Ich weiß wohl, das leuchtet zwar ein, aber es ist auch schwer. Manchmal liegt man innerlich im Streit mit seinen Eltern und klagt sie an: Warum habt ihr mein Leben gerade so geformt und nicht anders? Warum habt ihr mich festgehalten statt geliebt? Warum habt ihr mich laufen lassen statt freigegeben? Warum bin ich so, wie ich bin? — „Ehre deinen Vater und deine Mutter" — das sagt dir dein Gott! Achte deine Eltern nur ja nicht für gering. Sie sind Gottes Mitarbeiter bei der Gestaltung und Entfaltung deines Lebens. Mag sein, daß sie dir fehlerhaft und unvollkommen erscheinen in dem, was sie für dich und an dir getan haben. Aber deshalb bist du keine Fehlkonstruktion und schon gar nicht ein Mensch minderen Wertes. Gott selber war und ist durch deine Eltern bei dir am Werk. Du bist, so wie du geworden bist, ein für Gott wertvoller und von ihm geliebter Mensch. Nimm das an! „Ehre Vater und Mutter" — dieses Gebot schließt das Angebot ein: Nimm dich selbst aus Gottes guter Hand.

Ach, ich merke, daß mir dieser Gedanke fast zu glatt über die Lippen geht. Mir steht das Lebensschicksal eines Mädchens vor Augen, und ich frage mich, was sie mit dem anfangen könnte, was ich da sage. Sie hat überhaupt nie Vater oder Mutter erlebt. Der Vater ist unbekannt, die Mutter hat sie früh ins Heim gegeben. Später kam sie zu Pflegeeltern. Die schlossen sie aus lauter Angst vom Leben ab. Das Mädchen brach aus dieser Enge aus. In einer Großstadt geriet sie in die Abhängigkeit der Unterwelt. Dort lebt sie jetzt, kommt nicht mehr heraus, kann nicht, obwohl sie möchte, ist innerlich einfach kaputt. Soll man sie etwa mit dem vierten Gebot zur Rechenschaft ziehen? Wird an diesem Beispiel nicht deutlich, daß das Gebot auch die ältere Generation zur Rechenschaft zieht? Wehe, wenn Elternschaft versagt, wenn sie verweigert wird! Wehe, wenn wir uns drücken, wenn wir älteren uns von den jüngeren Menschen zurückziehen und so tun, als seien wir nicht zuständig! Es kann das Leben kosten! Wenn Gott das Verhältnis von Erwachsenen und Kindern zu einem Nährboden des Lebens bestimmt hat, dann sind wir Älteren dran, diesen Boden zu pflügen und zu pflegen. Natürlich sind in der Regel zuerst die Eltern dafür verantwortlich, den Lebens- und Entfaltungsraum für ihre Kinder zu gestalten. Aber wir in Bethel wissen ja aus eigener Erfahrung, daß es neben oder gar anstelle der leiblichen Eltern auch andere Väter und Mütter gibt. Jeder von uns Älteren, ob krank oder gesund, ist im Grunde in der Lage, Vater- oder Mutteraufgaben für einen jüngeren Menschen zu übernehmen und so das Lebenswachstum eines anderen zu fördern. Vielleicht kannst du einem das Gefühl geben, daß er bei dir gut

aufgehoben ist, so daß er erlebt, was Vertrauen ist. Vielleicht
kannst du so mit ihm umgehen, daß er sein angeknackstes
Selbstbewußtsein wiederfindet und selbständig wird. Vielleicht kannst du ihm etwas mitteilen und erzählen von den Erfahrungen, die du selber im Leben gemacht hast.

Übrigens: Mir scheint, das Erzählen ist eine besonders wichtige, lebenfördernde Aufgabe der älteren Generation. Neulich
habe ich mich abends mit einigen Frauen unterhalten. Einige
leben schon seit 30, 40 oder noch mehr Jahren in Bethel. Was
die alles zu erzählen wußten, von Pastor Fritz und Pastor
Hardt, und von den Jahren vor und nach dem Krieg. Nicht nur
„Dönekes" und „olle Kamellen", sondern in ihrem Erzählen
gaben sie Lebensweisheit weiter; Erfahrungen, die sie in schwe-
ren und guten Zeiten gemacht hatten. — Liebe Schwestern und
Brüder, wie soll denn die junge Generation leben lernen,
wenn wir ihnen nicht erzählen, wie's uns mit dem Leben geht?
Vielleicht machen sie's dann ganz anders als wir; das ist ihr gutes Recht. Aber zur Orientierung für ihren eigenen Weg brauchen sie unsere Erfahrungen. Darum müssen wir ihnen durch-
sichtig machen und erklären, welche Wege und Irrwege wir ge-
gangen sind. Wie sollen sie z. B. Gott finden, wenn wir ihnen
nicht erzählen, wo wir Gottes Spuren entdeckt haben? Wie sollen sie glauben lernen, wenn wir ihnen nicht sagen, wie wir mit
unseren Zweifeln fertig werden? Wahrhaftig, es hängt viel an
unserem Erzählen! — Findet das Gespräch zwischen den Generationen bei uns statt?

Damit kommen wir an die Stelle, an der das vierte Gebot ursprünglich einmal ganz unmittelbar in das Zusammenleben der
Menschen eingriff. Ursprünglich will das Gebot nämlich keineswegs die Macht und Vorrangstellung der Eltern und Herren stützen; vielmehr will Gott, wie er es auch sonst tut, schwa-
che, älter werdende Menschen schützen. Wirf die Alten nicht
zum alten Eisen, so will er uns mit dem Gebot sagen. Auch sie
haben das Recht zu leben. Ehre sie. Laß ihnen ihre Würde. Gib
ihnen Gewicht in deinem Lebenskreis. Halte sie an ihrem besonderen Platz in der Gemeinschaft für wichtig und aller Ehre
wert.

Mir scheint, an dieser Stelle greift das Gebot auch in unser Zusammenleben in Bethel ein, und ich merke, wie es unser aller Mitverantwortung mobilisiert. Erlaubt bitte, daß ich euch und mir selbst dazu einfach ein paar Fragen mitgebe: Welche Erfahrungen machen wir in den Häusern, in denen junge und ältere Menschen zusammen wohnen? — Können die Alten von Emmaus mit den Jungen aus Kapernaum sprechen? — Wird die Chance wahrgenommen, daß Theologiestudenten bei alten Diakonissen Erfahrungen sammeln? — Ob wir in der Betheler Wohnungspolitik doch noch einen Weg finden, daß auch pensionierte Mitarbeiter in Bethel wohnen können? — Ich finde es einfach schade, daß das Betheler Sommerfest in diesem Jahr ausfallen soll*). Wir brauchen doch solche Gelegenheiten, bei denen jung und alt miteinander feiern und spielen.

Liebe Schwestern und Brüder, für den Tag seiner Zukunft hat Gott uns in Aussicht gestellt, das Herz der Väter solle bekehrt werden zu den Kindern und das Herz der Kinder zu den Vätern. Nun denn, weil Gottes Zukunft in unsere Zeit hineinragt, so laßt uns damit rechnen, daß jung und alt schon heute zueinander finden und sich gegenseitig zum Leben verhelfen. Amen.

---

*) Das Sommerfest fand durch die Initiative junger Menschen schließlich doch statt und wurde besonders schön.

DAS FÜNFTE GEBOT

Predigt im Gottesdienst am 3. August 1980
in der Zionskirche in Bethel

„Gott sagt: Ich bin der Herr, dein Gott, der dich aus Ägypten ge-
führt hat, aus dem Hause der Knechtschaft. Du sollst nicht töten."
(2. Mose 20, 13)

Verehrte Hörer, liebe Schwestern und Brüder!
Das ist eine klare, unmißverständliche Anordnung. Im biblischen Urtext sind es nur zwei Worte: „Nicht töten!" Ich empfinde es als befreiend, daß Gott so eindeutig spricht. Und so
einfach. „Nicht töten!" — Man faßt sich ja an den Kopf, warum
unter uns Menschen ausgerechnet an dieser Stelle, wo es um
das Leben geht, immer wieder so eine nebelhafte, schreckliche
Unklarheit besteht. Da können Menschen schlicht ihres Lebens nicht mehr sicher sein, weil andere ihnen nachstellen und
sie töten wollen. Jedem fünften Bundesbürger, so ergab kürzlich eine Umfrage, bereitet gegenwärtig die Angst vor einem
neuen Krieg die größte Sorge — kein Wunder, wenn man an
die grauenvolle Tötungsmaschinerie eines modernen Krieges
denkt. Wir in Bethel erinnern uns in diesen Tagen mit Schrek-
ken an das, was vor 40 Jahren geschah: Als Pastor Fritz v. Bodelschwingh sich weigerte, die Namen kranker und behinder-
ter Bewohner Bethels nach Berlin zu melden. Er wußte, was
geplant war: Sie sollten vorsätzlich umgebracht werden.
„Nicht töten!", so greift Gott klärend in den Nebel von Mord-
gedanken und Todesangst ein. Menschliches Leben ist tabu!
Rührt es nicht an! — Das ist eindeutig. Das kann jeder verstehen. Da weiß jeder, auf welcher Seite er im Ernstfall zu stehen
und wofür er sich einzusetzen hat: „Nicht töten!" — Neulich, als
wir im Kreis junger Menschen darüber sprachen, sagte eine
Frau: „Nun gut, klar ist das. Aber was geht's mich an? Wenn
mir einer käme und sagte: ‚Du sollst nicht töten', dann könnte ich

nur sagen: ‚Aber bitte, ich denke doch gar nicht daran. Wen sollte ich töten? Ich weiß nicht mal, ob ich's könnte, das heißt . . .' ", sie stockte. Offenbar ließ sie den Gedanken etwas näher an sich heran. „Sieht töten bei mir vielleicht noch anders aus?", so fragte sie nachdenklich. — Bert Brecht hat einmal gesagt: „Es gibt viele Arten zu töten: Man kann einem das Brot entziehen, einen von einer Krankheit nicht heilen, einen in eine schlechte Wohnung stecken, einen durch Arbeit zu Tode schinden. . . Nur weniges davon ist in unserem Staate verboten. . ." Gottes Gebot aber spürt die versteckten Arten zu töten bei uns auf. Jesus selbst bringt in der Bergpredigt die Hintergründe ans Licht: die Gedanken des Zornes und des Hasses gegen einen anderen Menschen; den bohrenden Neid, der uns einredet, der andere sei bevorzugt und besser dran; das Gefühl von Ekel und Abscheu vor dem anderen, einfach, weil er so anders ist. Das alles setzt sich so tief in einem fest, daß man am Ende überzeugt ist, der andere sei wirklich unausstehlich und abstoßend. Unwillkürlich regt sich der Wunsch: Wie kann ich den anderen loswerden? Nicht gleich umbringen, aber kleinhalten, ausschalten, beiseite räumen. — Und dann werden Menschen gequält und richtig fertiggemacht. Da werden Gerüchte und Vorurteile verbreitet und genährt, die einem das Leben schier unmöglich machen. Da wird einer mit Worten abgeschossen, bis er verletzt liegenbleibt. — Sieht töten bei mir vielleicht so aus? Nicht töten! — Ich merke, ich kann das nicht einfach so hinausposaunen, es geht mich auch an.

Nicht töten? Warum eigentlich nicht? — Einer von uns erzählte neulich, er habe mit jungen Menschen zu tun, die hätten ihn ausgelacht, als er ihnen sagte: Er fände es schrecklich, wenn Menschen sich gegenseitig quälen und verletzen. „Quatsch!", hätten sie gesagt, „quälen ist schön. Dem anderen ins Gesicht schlagen und gegen den Kopf treten, das macht Spaß." Und dann kam heraus, daß diese Jungen schon als Kinder von älteren Menschen in ihrer Umgebung gelernt haben: brutal sein macht Spaß. Man hat die Lust zum Quälen und Töten geradezu in ihnen geweckt. — Ich bin erschrocken. Ich dachte: Geht hier die Saat auf, die Generationen vor uns gesät haben? Ist das die Quittung dafür, daß Menschen unseres Volkes, manchmal milde lächelnd, jüdische Mitbürger ebenso wie kranke Menschen waggonweise getötet haben und dafür das Wort „Euthanasie" erfanden? „Schöne Tötung"? Was sind das für unheimliche, abgründige Möglichkeiten, die sich da in uns Menschen verbergen. Ob die Lust am Töten auch in mir schlummert? Nein, ich weiß wohl, die meisten von uns möchten eigentlich nicht töten. Ich auch nicht. Aber es ist wie ein Teufelskreis. Selbst wenn wir uns in bester Absicht bemühen, Leben zu erhalten und zu genießen und zu schützen, erreichen wir häufig das Gegenteil. Da bemühen wir uns um Arbeit und Wohlstand in unserem Land und tragen gleichzeitig dazu bei, daß die armen Völker immer ärmer und in ihrer Existenz bedroht werden. Da entdecken wir die Möglichkeit, neue Energiequellen aus Kernkraft zu gewinnen, und gefährden damit zugleich das Leben von Kindern und Kindeskindern. Da stellen sich junge Menschen zur Verfügung, um im Notfall unser Volk zu schützen, und werden dabei in die Lage versetzt, mit schrecklichen Waffen ganze Völker auszurotten. Da sagen Zivildienstleistende ein deutliches Nein zum Gebrauch der Waffen und müssen ungewollt zulassen, daß Gewalt und Terror sich ausbreiten. Da kniet solch ein Mensch wie Kain im Gebet vor Gott, und ausgerechnet am Altar betet er *gegen* seinen Bruder. Da möchten wir Gottes Gemeinde glaubwürdig und makellos erhalten und lassen dafür Menschen, die uns nicht passen, über die Klinge springen. Selbst in unserem aufrichtigen, selbstlosen und frommen Bemühen bleiben wir verstrickt in Vorgänge, die Leben zerstören und Tod gebären. „Das Gute, das ich will, das tue ich nicht. Und das Böse, das ich nicht will, das tue ich," so sagt Paulus. Wie komme ich da nur heraus? „Nicht töten", — wieviel Gewicht hat dieses Wort angesichts solcher Verstrickungen? Ist es mehr als ein frommer Wunsch? Gottes Gebot kann doch nur dann wirklich greifen und wirksam werden, wenn er diese unsere Todesverstrickungen nicht überspielt. Ob er sie wirklich mit einkalkuliert, wenn er gebietet: „Du sollst nicht töten"?

Von einem, der Auschwitz überlebte (E. Wiesel—„Night"), stammt der folgende Bericht: „Die SS erhängte zwei jüdische Männer und einen Jungen vor der versammelten Lagermannschaft. Die Männer starben rasch, der Todeskampf des Jungen dauerte eine halbe Stunde. ‚Wo ist Gott? Wo ist er?', fragte einer hinter mir. Als nach langer Zeit der Junge sich immer noch am Strick quälte, hörte ich den Mann wieder rufen: ‚Wo ist Gott jetzt?' Und ich hörte eine Stimme in mir antworten: ‚Wo ist Er? Hier ist Er . . . Er hängt dort am Galgen!' " — Liebe Gemeinde, Gott meint es bitter ernst mit seinem Willen, Leben zu schützen und zu erhalten. Er redet nicht nur davon; er stellt nicht nur ethische Grundnormen gegen das Töten auf. Er begibt sich selbst auf den Weg, auf dem getötet wird. Er will die Menschen in ihren Todesverstrickungen nicht sich selbst überlassen. Er will ganz nahe bei ihnen sein, bei denen, die getötet werden, und auch bei denen, die töten. Er hat sie lieb. Sie sind ihm alles wert. Um ihretwillen setzt er sich selbst der Folter aus und läßt sich töten. Wo ist Gott? Hier ist er. Er hängt am Kreuz. Er leidet und stirbt mit denen, die getötet werden. Er trägt die Schuld derer, die töten, und wird selbst unter die Mörder gezählt — und genauso bleibt er Gott, auf immer und ewig für uns da.

Mir ist, als öffne sich hier der Teufelskreis des Bösen. Indem Gott sich an die Stelle begibt, wo wir uns so verstrickt haben, löst er unsere Fesseln auf, und damit verleiht er seinem Gebot unter uns Menschen eine reelle Chance: Jetzt bist du frei vom Zwang zum Bösen. Du brauchst nicht zu töten.

Merken wir: Auch das fünfte Gebot findet seine Begründung in dem Satz, der allen Geboten vorangestellt ist: Gott sagt: Ich bin der Herr, dein Gott. Ich gehöre zu dir. Und du gehörst zu mir. Dein Leben ist mir sehr kostbar. Darum habe ich dich aus der Knechtschaft geführt. Ich will nicht, daß du in deinen Verstrickungen stirbst. Ich will, daß du frei wirst und herauskommst und lebst.

Von hier aus wird auch deutlich, worauf Gott mit seinem Gebot hinaus möchte. Er will nicht nur das Töten unter uns Menschen verbieten. Er will uns anstecken mit seiner Leidenschaft für das Leben. Da, wo wir gefangen sind in dem Wahn, wir müßten einen anderen Menschen loswerden, da rückt Gott den anderen ganz dicht in unsere Nähe und befreit uns aus unserer Verstrickung, indem er fragt: „Wo ist dein Bruder? Statt daß du ihn umbringst, nimm ihn an. Statt daß du ihn abschießt, biete ihm Schutz. Statt daß du ihn einengst, gib ihm Raum zum Leben. Statt daß du ihn quälst, hab ihn lieb. Meine Liebe zu dir ist stark. Du kannst ihre Kraft ausprobieren, indem du deinem Bruder und deiner Schwester zum Leben verhilfst."

Liebe Schwestern und Brüder! Was Gott uns da im Umgang miteinander zutraut, das ist gewiß ein Stückchen Himmel auf Erden. Aber eben: auf dieser Erde! Genau da, wo wir alle mit fortgerissen werden im Strom derer, die töten und getötet werden. Wer anfängt, von einer gottgeschenkten Freiheit Gebrauch zu machen und gegen diesen Strom zu schwimmen, der sehe zu, daß er nicht bald schon untergehe; denn für ihn beginnt ein Weg des Leidens. Er wird darunter leiden, daß unser Volk trotz seiner Lebensmittelberge so unfähig ist, Menschen vor dem Verhungern zu schützen. Es wird ihn schmerzen, daß das Machtstreben und die Angst so viele Bemühungen um Frieden immer wieder im Keim ersticken. Allerdings: Noch bevor einer auf diesem Wege die verzweifelte Frage stellt, wo denn Gott jetzt sei, wird sich die Stimme melden: „Hier ist er!" Und dann wird uns die Hoffnung stark machen, das Leid zu tragen. Mehr noch: Dann wird Gott selbst uns befreien und befähigen, im Umgang miteinander beredte Zeichen des Lebens und des Friedens zu setzen.

Verehrte Hörer, erlauben Sie bitte, daß wir Ihnen an dieser Stelle etwas von unseren Erfahrungen hier in Bethel weitergeben. Wir machen in unserem Zusammenleben immer wieder die Erfahrung, daß kranke und behinderte Menschen keineswegs nur verwahrt und versorgt werden wollen. Jeder Mensch hat besondere originelle Gaben, und im Umgang miteinander kann einer den anderen soweit fördern, daß das Leben des einen wie des anderen zu voller Entfaltung kommt. Vielleicht versuchen Sie einmal, das, worin Sie sich selbst stark und sicher fühlen, so zu gebrauchen, daß ein anderer Mensch besser leben lernt. Zum Leben gehört zum Beispiel eine Wohnung. Behinderte brauchen Wohnraum, nicht nur isoliert für sich, sondern auch da, wo alle wohnen. Werden sie ihn finden? Zum Leben gehört, daß man arbeiten kann. Werden sich genug Arbeitsstellen finden auch für die, die weniger leisten? Zum

Leben gehört, daß man Urlaub macht. Sollten behinderte Menschen wirklich den Urlaubsgenuß der Gesunden beeinträchtigen? Zum Leben gehören auch Spielen und Tanzen, Freundschaft und Liebe, und manchmal, wenn uns etwas davon gelingt und wir miteinander lachen, dann ist das wie ein Abglanz des kommenden Tages, an dem kein Tod mehr sein wird und niemand mehr töten kann. Es macht Spaß, heute schon damit anzufangen: Nicht töten! Leben schenken! Bitte, machen Sie mit! Amen.

(Die Predigt wurde live im Deutschlandfunk übertragen.)

DAS SECHSTE GEBOT

Predigt im Gottesdienst am 31. August 1980
in der Zionskirche in Bethel

„Gott sagt: Ich bin der Herr, dein Gott, der dich aus Ägypten geführt hat, aus dem Hause der Knechtschaft. Du sollst nicht ehebrechen." (2. Mose 20,14)

Liebe Schwestern und Brüder!

Bei meinen Vorüberlegungen zu dieser Predigt kam mir an einer Stelle die etwas verrückte Frage, ob Gott dieses Gebot wohl heute noch einmal erlassen würde. Nicht wahr, wenn es zum Beispiel ums Töten geht oder ums Stehlen, da ist ein eindeutiges Gebot nach wie vor aktuell. Aber: „Du sollst nicht ehebrechen" — ist das nicht von gestern?

Ich denke, wir alle kennen aus nächster Nähe Beispiele dafür, daß Ehen zerbrechen und auseinander gehen, auch dadurch, daß da jemand hineingebrochen ist in eine bestehende Ehegemeinschaft. Im ersten Moment erschrickt man noch und ist betroffen, aber bald schon gewöhnt man sich daran. Man kann so etwas heute ja „bearbeiten" und lernt auf diese Weise „damit umzugehen". Und überhaupt: Früher, da war so ein Ehebruch noch eine mittlere Katastrophe. Man sprach nur mit vorgehaltener Hand darüber. Die Beteiligten versuchten, die Sache möglichst zu vertuschen — oder machten sich beizeiten aus dem Staube. Heute dagegen spricht man offener über solche Vorgänge, man mutet auch etwa so einer Gemeinschaft wie hier in Bethel durchaus zu, damit zu leben. Und dabei hat sich im allgemeinen Bewußtsein die Bewertung dessen verändert, was man in dieser Sache billigen kann oder verurteilen muß. Nur knapp die Hälfte der Bevölkerung — so haben Meinungsforscher festgestellt — würde heute das 6. Gebot noch wirklich unterstützen.

Die Frage, ob dieses Gebot heute noch aktuell ist, verschärft sich sogar, wenn man bedenkt, welches die Eheformen und

Ehegewohnheiten waren, unter denen es einst entstand. Es war eine Zeit, in der nahezu jeder verheiratet war. Man heiratete jung. Die Männer hatten mehrere Frauen. Die Frauen galten als das Eigentum des Mannes. Eheliche Treue war nur für die Frau verbindlich, nicht für den Mann — mit der Ausnahme allerdings, daß der Mann nicht in die Ehe eines anderen einbrechen und mit dessen Frau verkehren durfte. Die Ehe des anderen war geschützt. In solchen Verhältnissen und bei solchen Auffassungen hat das 6. Gebot offensichtlich einen guten Sinn, nicht zuletzt auch zum Schutz und zur sozialen Absicherung der Frau. Aber diese Verhältnisse sind doch heute nicht mehr gegeben. Die Auffassungen von der Ehe sind heute nicht mehr so einheitlich, auch unter Christen nicht. Die einen probieren es nach wie vor mit einer bürgerlichen Ehe. Die anderen empfinden diese Form als eine Zwangsinstitution und leben lieber unverheiratet zusammen, auf Zeit, ohne sich gegenseitig zu binden. Moderne Methoden der Empfängnisverhütung, ein sich veränderndes Selbstverständnis der Frau in unserer Gesellschaft und sicher auch eine wachsende Schamlosigkeit in der Darstellung der Beziehungen von Mann und Frau in den Massenmedien — das alles macht die Palette der Eheauffassungen so bunt und vielfältig, daß einem wirklich die Frage kommen kann, ob denn in dieser Situation das 6. Gebot noch greift. Wirklich verrückte Frage — so werden gewiß andere unter uns sagen. Wie kann man solch eine Frage nur denken oder gar zulassen? Da sieht man's mal wieder: Genauso hat das mit der Aufweichung des göttlichen Gebotes schon immer angefangen. Hat nicht bereits die Schlange im Paradies die verführerische Frage aufgeworfen: „Sollte Gott gesagt haben . . ." Vorsicht also mit solchen Fragen! Gottes Gebot ist unverändert gültig und aktuell. Und wenn sich heute viele Menschen einfach über dieses Gebot hinwegsetzen, so gerät unser Volk dadurch in größte Gefahr. Die Dämme der Grundwerte und Ordnungen, die Gott zum Schutz gegen das Chaos errichtet hat, drohen überflutet zu werden. Wir, wir Christen, sind gerufen, diese Dämme zu sichern und zu befestigen. Haben wir deutlich genug gesagt, daß Ehebruch Sünde ist? Warum sorgen wir in unseren eigenen Reihen nicht für Klarheit, wenn so was vorkommt? Müssen wir nicht überhaupt noch viel sensibler werden für die Wurzeln des Übels: Jesus hat gesagt: „Wer eine Frau ansieht, sie zu begehren, der hat schon die Ehe mit ihr gebrochen." Also: Warum sagen die Pastoren nichts gegen Sexwelle und Pornographie, gegen „Ehe ohne Trauschein" und unkeusche Liebeleien? Warum scheuen sie sich, die Sünde wirklich beim Namen zu nennen? Alles kommt darauf an, daß wir dem Gebot Gottes gerade heute in dem allgemeinen Nebel der Verwirrung erneut zur Geltung verhelfen. Antworten brauchen wir, klare Stellungnahmen, und nicht Fragen, die noch mehr in Frage stellen.

Nun gut, ich lasse das so stehen — auch dieses allerdings als Frage. Die erste Frage, ob Gott wohl das 6. Gebot auch heute erlassen würde, kann man in der Tat für überflüssig halten. Gott hat das Gebot erlassen, und da er es nicht zurückgenommen hat, ist es in Kraft. Die andere Frage aber müssen wir stellen, ob wir wirklich Gott, den lebendigen, heute gegenwärtigen und handelnden Gott zu Wort kommen lassen, wenn wir das 6. Gebot zitieren. Man kann nämlich sogar solch ein Gottesgebot gleichsam vom Baume der Erkenntnis abpflücken und so selbstherrlich damit umgehen, daß es eher zur Waffe der eigenen Angst als zu einem Wegweiser Gottes in die Freiheit wird. — Laßt uns darum noch etwas genauer hinhören und auf Gottes Anrede in diesem Gebot achten.

Wenn man sich in der Bibel umsieht, in welchen Zusammenhängen da von Ehe und Ehebruch geredet wird, dann fällt einem auf, daß sich die Gemeinde Gottes mit dem 6. Gebot offensichtlich gar nicht nur auf Ehe- und Sexualprobleme angesprochen sah. Mit diesem Gebot ist, abgesehen von der Beziehung zwischen Mann und Frau, noch etwas viel Tieferes, Gewichtigeres, Umfassenderes berührt. Das erkennt man zum Beispiel aus einer Reihe von Bibelstellen, etwa bei den Propheten Jeremia oder Hosea, da ist von Verlobung und Ehe, von Scheidung, Hurerei und Ehebruch zu lesen. Sieht man genauer hin, dann ist da nicht nur von Dingen die Rede, die sich zwischen Mann und Frau abspielen, sondern es geht gleichzeitig und vor allem um die Beziehung zwischen Gott und seiner Gemeinde: „Ich will mich mit dir für alle Ewigkeit verloben", so heißt es da (Hosea 2, 21 f.) „in Gerechtigkeit und Recht, in Gnade und Barmherzigkeit, ja in Treue will ich mich mit dir verloben, und du sollst mich erkennen." Aber auch diese Worte finden sich: „Vergißt wohl eine Jungfrau ihren Schmuck oder eine Braut ihren Schleier? Mein Volk aber vergißt mich seit endloser Zeit. Wie fein findest du Wege, dir Liebhaber zu suchen." (Jeremia 2, 32 f.) „Mein Volk sind lauter Ehebrecher und ein treuloser Haufe" (Jeremia 9,1). Wohlgemerkt: Ehe und Ehebruch sind hier nicht nur als Bilder für das Verhältnis zwischen Gott und Mensch gebraucht. Der Zusammenhang liegt tiefer. Wenn Gott sein Volk auf die Ehe anspricht, dann spricht er es gleichzeitig auf das Verhältnis an, das zwischen ihm und ihnen besteht. Und umgekehrt: Wenn Gott auf sein Verhältnis zu den Menschen zu sprechen kommt, dann ist immer das Thema der Beziehungen zwischen den Menschen, speziell zwischen Mann und Frau, mit gemeint.

Liebe Schwestern und Brüder, damit sind wir an der Stelle, an der dieses alte Gebot vom Ehebruch auch für uns verbindlich und aktuell wird. Das geschieht nicht etwa so, daß Gott eine einmal gesetzte Ordnung gleichsam über uns verhängt. Nein, das geht so vor sich, daß er uns anspricht, vielleicht auch jetzt, während wir von ihm sprechen und uns auf ihn ausrichten. Und das ist dann wie eh und je, wenn er Menschen anspricht: Er zeigt sich als der Gott, der sich mit uns verbinden, mit uns einen möchte: „Du, ich will mich mit dir verloben. Ich bin dein, dein Gott; und du bist mein. Du und ich, wir sind wohl sehr verschieden. Aber ich habe nichts anderes im Sinn, als mich mit dir — und so euch alle untereinander — zu einen. Ich bleibe mir darin treu, und so bleibe ich dir treu. In Jesus, dem Gekreuzigten, bin ich mit dir vereint. In ihm seid auch ihr alle eins."

Das ist gleichsam der Kern der Anrede Gottes an uns. Aber ich denke, es ist deutlich: In diesem Kern ist zum Beispiel mitenthalten, daß Gott uns für fähig, ja geradezu wie geschaffen dafür hält, ihm zu entsprechen und auf seine Anrede mit gleicher Treue und festverbindender Gemeinschaft zu antworten, und das nicht nur in der Beziehung zu ihm, sondern ebenso in der Beziehung untereinander. Wohlgemerkt: Gott hält uns für fähig, Antwort zu geben; er vereinnahmt uns nicht mit seiner Anrede. Er rechnet damit, daß wir in Freiheit ja sagen zu ihm und zueinander, und dabei hat er im Blick, daß wir mit unserem Ja zu der gleichen Verläßlichkeit und Treue in der Lage sind, wie er selber sie uns erweist.

In diesem Zusammenhang spricht Gott nun auch die Ehe an. Die Beziehung zwischen Mann und Frau ist ein konkretes Beispiel dafür, wie die Einheit entsteht und gelebt wird, die Gott schafft. Da sagen zwei Menschen in Freiheit ja zueinander. Gewiß, sie haben sich gern, sie lieben sich innig. Aber was sie im Tiefsten eint, das ist das Ja, mit dem sie die Bündnisfähigkeit und Vertrauenswürdigkeit verwirklichen, die Gott ihnen zutraut; das Ja, mit dem sie sich die Treue zueinander zutrauen, weil Gott ihnen die Treue hält. „Du sollst nicht ehebrechen" — so ein Ausbruch aus der Ehe, so ein Einbruch in eine andere Ehe, das würde vor allem das berühren und zerstören, was Gott zusammengefügt hat. Darum sagt Gott: Ihr braucht nicht die Ehe zu brechen. Im Bündnis mit mir könnt ihr verläßlich, beständig, glaubwürdig und treu zusammenbleiben. Ich spüre, wie Gott gerade mit dieser Zuspitzung seiner Anrede bei uns auf eine Situation stößt, die vielen große Schwierigkeiten bereitet. Wer kann sich heutzutage schon für dauernd festlegen? Alle Gebiete des Lebens sind schnellen Veränderungen unterworfen, und manchmal ist man von mehreren Instanzen gleichzeitig abhängig. Muß man da nicht beweglich und wandlungsfähig sein und sich darum von manchem trennen und lossagen? Gerade dieses dauernde Wechselspiel aber macht Menschen kaputt. Genau in diese Situation bringt Gott durch seine Anrede etwas mehr Menschlichkeit hinein: Ihr seid fähig, verläßliche, vertrauenswürdige Bündnispartner zu sein.

Nicht alle von uns haben die Gelegenheit, dieses in einer Ehe wahrzunehmen. Einige leben allein, andere haben sich entschlossen, ehelos in einer Gemeinschaft mit Schwestern zu leben. Wieder andere haben einen Freund oder eine Freundin gefunden. Uns alle aber hat Gott dazu berufen, daß ein jeder sich auf seine Weise in Treue mit anderen verbinde. Die Ehe von Mann und Frau hat dazu aufgrund der ganzheitlichen Gemeinschaft besonders reiche Gestaltungsmöglichkeiten, zumal

Gott in diese Gemeinschaft die Möglichkeit des Werdens und Wachsens von Kindern gelegt hat. Aber eine Glaubens- und Dienstgemeinschaft oder eine Freundschaft braucht nicht weniger tiefgründig zu sein. Entscheidend ist, daß wir die Gelegenheit ergreifen, die Gott uns bietet, und das Wagnis der Treue eingehen. Genau in der Welt, wo Menschen einander immer wieder loslassen und fallenlassen, verraten und hintergehen, genau da dürfen wir durch unser Leben anzeigen, daß Brüche und Scheidungen nicht nötig sind, weil Gott uns befähigt zu Treue und Gemeinschaft.

Die Einheit, die Gott stiftet, ist keine Harmonie, schon gar nicht in einer Ehe. In dieser Hinsicht werden vielfach falsche Hoffnungen gehegt und geweckt. Nein, die Verbindungen, die Gott uns untereinander zutraut, sind voller Gegensätze. Mann und Frau sind ganz verschieden. Die Liebe, die sie füreinander empfinden, ist zwar schön und beglückend, aber zugleich auch voller Spannungen, in denen die Verschiedenartigkeit der beiden deutlich spürbar wird. Das kann gelegentlich schwierig und quälend und belastend sein. Das aber ist bei Gott kein Grund, einander loszulassen und das einmal gegebene Ja aufzukündigen. Manche Ehepartner müssen die Gegensätzlichkeiten und Verschiedenartigkeiten zwischen ihnen erst richtig wahrnehmen und zulassen, und vielleicht müssen sie dazu sogar noch besser lernen, sich zu streiten und sich auseinanderzusetzen, offen miteinander zu reden und wach aufeinander zu hören, um so noch besser und klarer die Einheit der Ungleichen zu erfahren, die Gott stiftet.

Du sollst nicht ehebrechen — aus dieser Anrede Gottes höre ich schließlich auch den tiefen Schmerz heraus, daß es Trennungen, Scheidungen und Brüche eben doch unter uns Menschen gibt, und nicht erst dann, wenn zwei zum Scheidungsrichter gehen. Ja, Gott trauert, wenn wir zerstören, was er verbinden will. Die Menschen im Alten Bund haben etwas von dieser großen Trauer Gottes gewußt und haben deshalb die Todesstrafe auf Ehebruch gesetzt. Wir wissen heute, daß auch Gottes Trauer ein Ausdruck seiner Treue zu uns ist. Er sucht da, wo wir mit ihm und miteinander brechen, immer neue Wege, zu einen und zu verbinden. Vor Jesus, dem Herrn, der schließlich zu sagen hat, war schon damals in Sachen Ehebruch niemand zu finden, der ohne Sünde ist. Eben darum knüpft er aufs neue die Gemeinschaft mit denen, die die Ehe brechen: „So verdamme ich dich auch nicht!". Das ist verbindlich, auch gerade dann, wenn wir scheitern. Das weckt Mut, es immer neu in Treue miteinander zu wagen. Amen.

DAS SIEBTE GEBOT

Predigt im Gottesdienst am Erntedankfest, 5. Oktober 1980,
in der Sarepta-Kapelle in Bethel

„Gott sagt: Ich bin der Herr, dein Gott, der dich aus Ägypten ge-
führt hat, aus dem Hause der Knechtschaft. Du sollst nicht steh-
len." (2. Mose 20,15)

Liebe Schwestern und Brüder!
Wir feiern Erntedankfest. Das ist eine Gelegenheit, einen
Dank loszuwerden. Ich möchte Sie einladen, den Dank, den
wir uns im ersten Teil des Gottesdienstes schon vom Herzen
gesungen haben, noch etwas deutlicher und konkreter darzu-
bringen. Hier vorne auf dem Altar liegen heute morgen einige
Dinge, die unser tägliches Leben begleiten. Sie liegen hier,
weil wir in ihnen Gaben sehen, die Gott uns zuwachsen ließ;
Mittel, die er uns bereitgestellt hat, um unser Leben zu erhalten und zu freier Entfaltung zu bringen. Wir wollen die Gelegenheit des Erntedankfestes wahrnehmen und Gott für diese
Gaben danken. (Die Gemeinde singt:)

Herr, unser Gott, von dir kommt unser Brot. Es riecht gut. Es
schmeckt. Es stärkt uns Tag für Tag.
„Herr, dafür danken wir dir!"
Gott, du hast die Trauben für uns wachsen lassen. Sie schmek-
ken süß. Der Saft ist köstlich. Der Wein erfreut des Menschen
Herz.
„Herr, dafür danken wir dir!"
Die Blumen, Gott, nehmen wir aus deiner Hand. Sie machen
unseren Garten und unsere Räume und unsere Kirche bunt
und schön. Sie sind eine Weide für unsere Augen. Sie machen
uns froh.
„Herr, dafür danken wir dir!"
Herr, wie sind deine Werke so groß und viel! Kleider und
Schuhe, Wohnung und Arznei, Schmuck und Musik — in

49

deiner Weisheit hast du das alles geschaffen, und die Erde ist
voll deiner Güter.

„Herr, dafür danken wir dir!"

Nicht wahr, liebeSchwestern und Brüder, es tut gut, daß wir
diese Gelegenheit zum Danken haben! Je mehr man sich auf
das Danken einläßt, desto mehr spürt man, wie der Dank zum
Ausdruck, zum Atem der Freiheit wird, in die Gott uns versetzt. Dabei wird man dann tatsächlich gewahr, mit wie vielen
Dingen Gott uns tagtäglich beschenkt; wie viel Mittel er uns an
die Hand gibt, um den Freiraum auszufüllen und zu gestalten,
den er einem jeden von uns mit dem Geschenk des Lebens ein-
geräumt hat. So ist es durchaus im Sinne Gottes, wenn wir all
diese Dinge mit Freude und Wonne benutzen und genießen;
wenn wir uns das Leben schön machen mit Gottes Gaben;
wenn wir sie gebrauchen zur Stärkung des Leibes, zur Festi-
gung der Seele, zur Entfaltung der Fähigkeiten und zur Hei-
lung der Gebrechen. Denn dazu sind sie uns gegeben: als Mittel zum Leben. Sie dürfen uns helfen, die Freiheit zu verwirklichen, zu der Gott uns berufen hat.

Hier liegt auch begründet, weshalb Gott all diese Dinge und
Mittel, die zu unserer Verfügung stehen, unter einen besonderen Schutz stellt: „Du sollst nicht stehlen". Du sollst dem anderen nicht entwenden, was ihm zur Verwirklichung seiner
Freiheit dient. Nicht, als wäre das, was der andere besitzt, als
solches schon heilig und schutzwürdig. Nein, der andere darf
nicht der Mittel beraubt werden, die er zum Leben braucht.
Darum stehen sie unter Gottes Schutz. Darum sollst du nicht
stehlen!

Ich möchte versuchen, diesen Zusammenhang noch etwas
deutlicher zu machen. — Auch das siebte Gebot steht wie alle
anderen Gebote unter der Überschrift, in der Gott an seine
große Befreiungstat erinnert: „Ich bin der Herr, dein Gott, der
dich aus Ägypten, aus dem Hause der Knechtschaft, geführt
hat." Diese Erinnerung hat gerade beim siebten Gebot ein besonderes Gewicht; denn am Anfang des Weges, der Israel in
die Knechtschaft nach Ägypten führte, stand ein Diebstahl. Jo-
seph, der bekanntlich von seinen Brüdern nach Ägypten verkauft wurde, hat es selbst einmal so ausgedrückt: „Ich bin aus

dem Lande der Hebräer heimlich gestohlen worden" (1. Mose 40,15). Und dann haben die Nachkommen Josephs am eigenen Leibe erlebt, wie Gott die Folgen dieses schrecklichen Menschendiebstahls aufhob und die Türen in die Freiheit öffnete. Deshalb ist es für diese Menschen geradezu selbstverständlich und ihnen wie aus dem Herzen gesprochen, wenn Gott ihnen gebietet, sich nur ja nicht wieder gegenseitig zu knechten und die Freiheit zu rauben. Manche Ausleger nehmen an, das siebte Gebot habe ursprünglich speziell den Diebstahl von Menschen, also den Menschenraub verboten. Denn immerhin heißt es in einer Auslegung dieses Gebotes im 5. Buch Mose: „Wenn jemand dabei betroffen wird, daß er einen von seinen Brüdern, einen Israeliten, stiehlt und ihn als Sklaven behandelt oder verkauft, so soll ein solcher Dieb sterben" (5. Mose 24,7). Hier stoßen wir auf den Kern des siebten Gebotes. Ich möchte ihn für uns heute so kennzeichnen: Brüder und Schwestern, die erfahren, wie Gott ihnen Wege zur Freiheit eröffnet, und die begreifen, daß diese Grundrichtung der Befreiung seit der Erlösungstat Jesu Christi am Kreuz verbindlich ist, die werden und können und dürfen sich auf keinen Fall gegenseitig wieder dieser Freiheit berauben. Sie würden aufs Spiel setzen, was doch längst durch Christus vollbracht ist. Sie würden Gott und seinen Absichten mit uns geradezu ins Gesicht schlagen. Deshalb das eindeutige, keinen Widerspruch duldende Gebot: „Du sollst nicht stehlen."

Genau damit berührt aber das Gebot empfindlich unser Leben und die Art, wie wir miteinander umgehen. Schon das ist erschreckend, daß der ursprünglich gemeinte Menschenraub keineswegs eine vergangene Angelegenheit uralter barbarischer Zeiten ist. Die Freilassung der Kinder Kronzucker und Wächtler in der vergangenen Woche hat zwar viele Menschen zusammen mit den Betroffenen erleichtert und beglückt aufatmen lassen; aber es bleibt das ohnmächtige Entsetzen zurück, wie so etwas möglich ist, daß Menschen ihre Mitmenschen sozusagen von der Straße weg stehlen und verschwinden lassen. Und das geschieht heute ja nicht nur durch Kidnapper, die Geld erpressen wollen; in manchen Ländern dieser Erde werden auf die gleiche Weise politische Gegner weggeschnappt und an unbekannten Orten gefangengehalten, und meistens sind dann keine Freunde oder Kirchenmänner da, die vermittelnd eintreten. „Du sollst nicht stehlen" — das fordert in allen Fällen von Menschenraub eine eindeutige Stellungnahme von uns.

Allerdings, häufig liegt die Freiheitsberaubung gar nicht so offen am Tage. Wir Menschen können bekanntlich sehr feine, aber wirksame Methoden entwickeln, uns gegenseitig zu knechten. Man kann z. B. einem anderen „die Schau stehlen", und schon ist er „weg vom Fenster". Man kann andere einschüchtern und abhängig machen durch Verordnungen und Beschlüsse, durch Abmahnungen und durch vorenthaltene Informationen. Man kann sogar durch eine Abart von Liebe und Fürsorge die Freiheit eines anderen Menschen so sehr einschränken, daß er verlernt, seine Freiheit zu entfalten und seine Gaben zu gebrauchen. „Du sollst nicht stehlen" — das muß wie ein Spaltpilz der Befreiung wirken gegen die heimlichen Methoden des Zwangs auch bei uns.

Aber eben, weil Gott so radikal die von ihm befreiten Menschen schützt, darum liegt es nahe, daß er auch die Mittel schützt, die er den Menschen zur Erhaltung dieser Freiheit an die Hand gegeben hat. Schon im Alten Testament ist nicht nur der Menschenraub verboten, sondern auch der Diebstahl von Sachen und Tieren, von Dingen also, die der andere sein Eigentum nennt und die ihm zu seinem Lebensunterhalt dienen. Es ist in Israel z. B. ausdrücklich verboten, einem Menschen den Mahlstein aus seiner Handmühle wegzunehmen; es würde ihn ja das Leben kosten, wenn er keine Möglichkeit hätte, seine Nahrung zuzubereiten. Andererseits darf bei der Verwaltung des Eigentums nicht nur die persönliche Lebenssicherung im Blick sein; die Felder durfte man z. B. nicht völlig abernten, damit noch etwas übrig blieb zur Nachlese für die Fremden, die Waisen und Witwen. Wehe, wenn einer seinen Besitz auf Kosten der Armen vermehrt! Wehe, wenn einer sein Eigentum als Machtmittel gegen seinen Mitmenschen benutzt! Wehe, wenn geschieht, was der Prophet Nathan dem König David erzählte: Ein reicher Mann hatte viele Schafe und Rinder, ein armer dagegen hatte nur ein einziges Lamm. Der reiche bekam Besuch, und da er seine eigene Herde, seinen eigenen Besitz schonen wollte, nahm er das einzige Lamm des armen Mannes und schlachtete es für seinen Gast. — Nicht wahr, diese Geschichte weckt auch heute noch, genau wie damals bei David, den Zorn und die Empörung über die Gemeinheit des Diebstahls. Das Eigentum des anderen muß geschützt werden, damit er leben kann. Wo kämen wir hin, wenn einer dem anderen die Grundlage der Existenz nähme! Darum ist es richtig und wichtig, wenn wir empfindlich reagieren, wo immer gestohlen wird. Es muß aber deutlich bleiben, in welche Richtung das Gebot zielt. Dem anderen muß der „Mühlstein", der notwendige Lebensraum erhalten bleiben; sein Freiraum darf nicht eingeengt werden. Darum könnte es sein, daß das Taschengeld, das Eltern ihrem Kind vorenthalten, ein schwererer „Diebstahl" ist als die fünf Mark, die das Kind aus dem Portemonnaie der Mutter stiehlt. Das Geschrei „Haltet den Dieb" kann einen auch blind machen. Wenn das der Fall ist, dann ist es nötig, daß uns einer, genau wie damals dem König David, die Augen öffnet: „Du bist der Mann; du bist der Dieb". Dann kann es sein, daß wir entdecken, wie unser ganzes Volk verstrickt ist in einen Umgang mit den Gütern dieser Erde, bei dem die Reichen immer reicher und die Armen immer ärmer werden. Dann kann es geschehen, daß wir unruhig darüber werden, warum wir noch immer zusehen, daß Lebensmittel bei uns gehortet und vernichtet werden, während anderswo Menschen verhungern. Vielleicht merkst du dann auch, wie leicht sich der Neid in dir regt, wenn du siehst, was ein anderer besitzt; wie es dich treibt, die Güter des anderen zu haben und die deinen zu schonen. Womöglich wirst du auch gewahr, was du selbst aus Gottes Gaben gemacht hast; wie du sie, statt sie als Mittel zur Gestaltung deines Lebens zu nutzen, zum Zweck deines Lebens gemacht hast. Immer mehr wolltest du haben, mehr Essen, mehr Geld, mehr Vorrat zum Leben; und dafür wolltest du immer mehr schuften und arbeiten. Gib acht, daß du am Ende nicht als Narr dastehst! „Niemand lebt davon, daß er viele Güter hat", sagt Jesus. Am Ende nimmst du nicht nur anderen die Mittel zum Leben, sondern nimmst dir selber Freiheit und Leben.

Liebe Schwestern und Brüder, der Herr, der sich mit seinem

Leben für unsere Freiheit eingesetzt hat, der hat die Gaben Gottes nicht wie Diebesgut festgehalten und gehortet. Er hat sie geteilt, ausgeteilt und vielen zugute kommen lassen. Das scheint auf den ersten Blick ein Risiko zu sein. In der Tat, reich ist er dabei nicht geworden; er war eher bei den Armen zu finden. Aber auf diese Weise hat er sein Leben und seine Freiheit erhalten. Seit den Tagen seiner Kreuzigung und seiner Auferstehung ist er darauf aus, uns auf seinen Weg mitzunehmen; auch heute sucht er danach.

Es beschäftigt mich sehr, daß während des Wahlkampfes zur Bundestagswahl in den letzten Wochen so gut wie gar nicht davon die Rede war, wir müßten, statt unseren Wohlstand zu sichern oder gar noch mehr zu steigern, endlich lernen, mit anderen zu teilen. Auch davon war nicht die Rede, daß wir unsere wirtschaftlichen Interessen zurückstellen müssen, wenn sie zur Knechtung unterdrückter Menschen beitragen. Aber vielleicht kann man diese Zukunftsperspektive von den politischen Parteien nicht verlangen, solange wir Christen noch nicht genug davon geredet und noch nicht genug davon verwirklicht haben. Die Freiheit und das Leben werden aber denen gehören, die Gottes Gaben teilen und sich gegenseitig damit Leben und Freiheit schenken. Der heutige Danktag ist eine Gelegenheit, daß wir uns dazu aufs neue ermutigen. Amen.

DAS ACHTE GEBOT

Predigt im Gottesdienst am 26. Oktober 1980
in der Zionskirche in Bethel

„Gott sagt: Ich bin der Herr, dein Gott, der dich aus Ägypten ge-
führt hat, aus dem Hause der Knechtschaft. Du sollst nicht falsch
Zeugnis reden wider deinen Nächsten." (2. Mose 20,16)

Liebe Schwestern und Brüder!
In der Eingangshalle des „Dankort" hier in Bethel sind bekanntlich alle zehn Gebote durch verschiedene Gemeinschafts-
arbeiten von Betheler Bewohnern dargestellt worden. Dort
findet sich gerade zum achten Gebot Gottes eine interessante
Auslegung. Anfallskranke Mitarbeiter einer Werktherapie haben mit einer großen Tonreliefarbeit auf vielen einzelnen Ton-
tafeln ihre Gedanken zum achten Gebot zum Ausdruck gebracht. Auf mehreren Tafeln ist z. B. ein Mund dargestellt,
mal zischelnd und flüsternd, mit geschlossenen Lippen; ein an-
dermal ist die „Klappe" sehr weit aufgerissen. Mal scheint der
Mund zu schmeicheln. Auf einer anderen Platte zeigt er sich
lüstern mit häßlich aufgewölbten Lippen. Auch Ohren sind
mehrfach dargestellt; sehr große Ohren, wie als seien sie ge-
spitzt auf das Gerede der Münder ringsum. Man merkt schon:
Hier wird ein böser Kreislauf aufgedeckt; der Kreislauf des
Schwätzens und des Verdächtigens, der Lüge und der Verleumdung; der Kreislauf, der vielen von uns Angst bereitet,
und an dem wir uns zugleich so wollüstig beteiligen. Auch
symbolhaft ist davon auf den Tonkacheln die Rede: Finger
sieht man da, wie sie auf andere zeigen; Insekten erinnern an
Gerüchte, die umherschwirren und nicht zu fassen sind, und
mancher verfängt sich in ihnen wie eine Fliege im Spinnennetz;
Würmer und Schlangen lassen an das Gerede denken, das sich
in die Gemeinschaft von Menschen schlängelt und sich schließlich zu unheilvollen Verdächtigungen und Vorurteilen verkno-
tet. Quer durch das ganze Relief liest man auf einzelne Tafeln
verteilt die Worte des achten Gebotes: „Du sollst nicht falsch

Zeugnis reden wider deinen Nächsten." Und wie als sollte die Bosheit, die dieses Gebot aufdeckt, unübersehbar gemacht werden, sind zwei Worte gleich vierfach auf eine Kachel geschrieben worden: Das Wort „falsch" und das Wort „reden". „Falsch, falsch, falsch, falsch" — „reden, reden, reden, reden". — Ich empfinde diese gestaltgewordene Auslegung unserer behinderten Mitbürger wie Hammerschläge ins Gewissen: Paßt auf mit eurem Reden! mit dem, was ihr über andere und zu anderen sagt. Es schleicht sich da unversehens so viel Falsches und Liebloses ein, und das verletzt, und das tut weh.

Schon die Bibel widmet übrigens dem, was wir Menschen untereinander reden, besondere Aufmerksamkeit. Unter den Sprüchen und Weisheitsworten, die damals ja noch eine viel größere Rolle spielten bei der praktischen Lebensgestaltung, finden sich nicht wenige, in denen es um sorgsames, achtsames Reden geht. Einige Sätze aus dem Jakobusbrief sind besonders bekannt; Sätze, die von der Zunge reden, diesem kleinen Glied, das sich doch so großer Wirkung rühmen kann. Wie ein Feuer ist die Zunge, kaum zu beherrschen. Die ganze Natur können wir zähmen, wilde Tiere und Vögel. „Die Zunge aber vermag niemand zu bändigen, dieses unruhige Übel, voll tödlichen Giftes." (Jak. 3,8) — Die Gefährlichkeit des falschen, lügenhaften, verleumderischen Redens über andere wird in der Bibel vor allem immer wieder an einer speziellen Alltagssituation der Menschen deutlich gemacht: an der Situation des Zeugen in einem Gerichtsverfahren. Auch das achte Gebot hat diese Situation ursprünglich im Blick. Man muß sich klarmachen, daß das Rechtsleben damals viel unmittelbarer zum Alltag der Menschen gehörte. Heute ist man ja froh, wenn man mit dem Gericht nichts zu tun hat. Damals wurde sozusagen mitten im Straßenverkehr Gericht gehalten; am Tor, wo jedermann aus- und einging. Da konnte man schnell einmal als Zeuge hinzugezogen werden, zumal dort ganz alltägliche Probleme zur Verhandlung und Schlichtung kamen. Ja, man mußte gegebenenfalls sogar als eine Art anklagender Zeuge auftreten und ein Verbrechen anzeigen, wenn man davon wußte. So ein Zeuge hat ja auch heute eine hohe Verantwortung bei einem Gerichtsverfahren. Das galt damals um so mehr, als der Zeugenaussage soviel Beweiskraft zugemessen wurde, daß sie den Prozeß und damit das Urteil über einen Menschen entscheiden konnte. Von daher kann man verstehen, wie wichtig es für die ganze Volksgemeinschaft und für jeden einzelnen Bürger ist, daß man sich auf die Aussage des Zeugen verlassen kann. „Du sollst gegen deinen Nächsten nicht als Lügenzeuge aussagen", so lautet das Gebot wörtlich. Wehe, wenn deine Aussage falsch ist! Bedenke, was auf dem Spiel steht, wenn du deine Zunge nicht im Zaum hast! Hier, vor Gericht, ist sozusagen der Ernstfall gegeben; da kommt's heraus, was falsche lügenhafte Rede dem anderen Menschen antut. Es könnte sein, daß du ihm mit deiner Aussage das Recht nimmst, das er zum Leben braucht. Es könnte sein, daß du ihn um seinen Besitz bringst; daß du ihm vor allem seine Ehre und seinen guten Ruf zerstörst, ohne die er schon gar nicht leben kann. Ja, es könnte sein, daß du ihn buchstäblich ums Leben bringst. Wehe, wenn du falsch Zeugnis redest wider deinen Nächsten! Dein Nächster selbst steht auf dem Spiel!

„Dein Nächster" — das Wort ist in der Bibel so gewählt, daß klar ist: „dein Freund" ist gemeint; „dein Verwandter"; der Mensch, der dir vor allem deshalb nahesteht, weil er mit dir zum gleichen Volk gehört; mehr noch, weil er wie du zu denen zählt, die Gott aus der Knechtschaft und Bedrängnis in die Freiheit geführt und damit zum Leben bestimmt hat. Mit ihm hat Gott sich ebenso wie mit dir verbündet: „Ich bin dein Gott". Darum ist der andere verbindlich „dein Nächster". Daran mußt du festhalten, wenn du über den anderen redest. Du darfst den anderen nicht fallenlassen, indem du falsch Zeugnis wider ihn redest; schon gar nicht, indem du ihn fälschlich beschuldigst und verleumdest und ihm damit streitig machst, was Gott ihm zugedacht hat. Aber auch dann, wenn du mit der Wahrheit die Schuld des anderen aufdecken mußt, darfst du nicht falsches Zeugnis reden. Du würdest deinen Nächsten nicht ernst nehmen. Du würdest ihn im Grunde fallenlassen, wenn du sein Vergehen zudecken und verschweigen und ihm selber schmeicheln würdest. Ja, du würdest den verleugnen, der sich mit dir und deinem Nächsten gerade an der Grenze der Schuld aufs engste verbindet und euch beide festhält mit dem Versprechen: „Ich bin euer Gott". Darum dürft ihr einander durch das offene Wort der Wahrheit auf dem Weg halten, der zur Freiheit und zum Leben führt.

Mit dem achten Gebot werden wir in die Situation eines Gerichtsverfahrens versetzt, um in dieser Situation für das ganze Leben und für die Art unseres Umgangs miteinander zu lernen. Bleiben wir noch einen Moment bei dieser Situation! Jetzt kommt es mir allerdings vor, als müßte ich die zunächst noch unverfänglich und harmlos erscheinende Rolle eines Zeugen vor Gericht aufgeben; denn ich sehe mich genötigt, mich mit meinem Reden selber dem Gericht dessen zu stellen, der mein Wort und mein Zeugnis eigentlich in Anspruch nehmen wollte für den Freiheits- und Lebensweg meines Nächsten. Ich merke, wie er mich jetzt fragt, ob und inwieweit denn das wohl gelungen ist. Und unter dieser Frage werden mir ganz merkwürdige und zugleich schreckliche Verstrickungen bewußt. Mir fällt auf, daß es Vorgänge gibt, bei denen, auch ohne daß ein Amtsgericht beteiligt wäre, sozusagen öffentlich Gericht gehalten wird über einen Menschen. Unversehens gerät er ins Gerede. Keiner weiß, wie es dazu kam. Ist gezielte Verleumdung im Spiel von Leuten, die sich einen mißliebigen Menschen vom Hals schaffen wollen? Oder ist das Urteil aus purer Angst vor dem anderen aufgekommen? Manchmal genügt ein Stichwort: Ein Linker! Ein Kommunist! Ein Stadtstreicher! Ein Ausländer! Aus der Kirche ausgetreten! Psychisch krank! — Es ist verteufelt. Eigentlich möchte ich mich heraushalten, wenn Menschen unter dem Vorwand vertraulicher Informationen durch die Mangel des Gerichts gedreht und verurteilt werden. Aber ich merke: So ein einziges Wort sitzt tief, auch bei mir, und ehe ich mich versehe, bin ich mit dabei; teile das Urteil über den anderen, bekräftige es gar durch mein Gerede — und lasse meinen Nächsten fallen. Manchmal möchte ich wohl gerne die anderen dafür verantwortlich machen, diejenigen, die solche Verleumdungen in Gang setzen. Dann möchte ich mich nur für das unschuldige Opfer solcher Gerüchte halten und selber als einigermaßen ehrlich und wahrheitsliebend dastehen. Aber dann geht mir auf, daß es in mir etwas gibt, das sich schwertut, einen anderen Menschen so wahrzunehmen, wie er ist. Es mischt sich da immer wieder die Vorstellung ein, die ich mir von ihm mache, und diese ist gefärbt von dem, wie ich selber gern sein möchte. Und so kommt es, daß ich tief in meinem Herzen nur allzu bereit bin, Böses und Schlechtes an meinem Nächsten zu entdecken und dann eben Falsches über ihn zu reden und zu verbreiten — und das aus dem Drang, selber wenigstens etwas besser dazustehen als er. Aber genauso schaffe ich mir meinen Nächsten vom Hals und lasse ihn los, oder muß ich sagen: So mache ich mich los, so trenne ich mich von ihm? Muß ich gar sagen: In diesem Drang trenne ich mich von dem Weg, den Gott mit mir und meinem Nächsten gehen wollte? — Ich bin beschämt, daß das so ist. Ich spüre auch: Dieser Drang, der nicht wahrhaben will, was wirklich mit mir und mit dem anderen ist, dieser Drang sitzt so tief, daß ich seiner nicht Herr werde. Das ist bitter.

Aber jetzt bin ich froh, daß das alles unter den Augen des Richters zum Vorschein kommt. Was immer er sagen wird, es ist gut, daß er in den Verstrickungen, die ich mir durch mein Gerede bereite, das letzte Wort behalten will.

Und jetzt sehe ich die Gerichtsszene noch einmal verändert: Ich merke, daß ich in der neuen Szene wohl auch vorkomme, und ihr, liebe Schwestern und Brüder, ihr alle kommt da auch vor. In der Mitte aber steht ein anderer: Jesus. Dem menschlichen Gericht ist er ausgesetzt. Und wie sie über ihn herziehen! Falsche Zeugen die Menge halten sich feil. Der Drang und der Eifer ist groß. Sie wollen besser dastehen als er; wollen gar sein wie Gott selbst. Als sie das Urteil fällen, schweigt Jesus stille. Er nimmt das Urteil an. Das falsche Zeugnis der Menschen, unser lügenhaftes, verleumderisches Geschwätz kostet ihn das Leben. Soweit haben wir's gebracht mit unserem Drang, der Wirklichkeit zu entfliehen!

Der Evangelist Johannes schildert an dieser Stelle die Gerichtsszene so, daß zum Vorschein kommt, was hier eigentlich vor sich geht: Im Verlauf der Verhandlung ergreift Jesus das Wort und sagt, wie als sei er selbst der Richter: „Ich bin dazu gekommen, daß ich für die Wahrheit zeuge. Wer aus der Wahrheit ist, der höret meine Stimme" (Joh. 18,37). Jetzt wird deutlich, wozu Jesus das Urteil auf sich nimmt. Er holt uns auf den

Boden dessen zurück, was wirklich und wahr ist. Er konfrontiert uns mit der Wirklichkeit, daß Gott jeden von uns so liebt, wie er ist. Gott hält an dir fest — Gott hält an deinem Nächsten fest. Das ist die Wahrheit, die Jesus uns bezeugt.

Wer dieses Zeugnis vernimmt, den macht Jesus zum Zeugen für diese Wahrheit. Allerdings: Der Prozeß Jesu zeigt uns, daß es sich bei dem Zeugnis für die Wahrheit keineswegs um einen einfachen konfliktfreien Vorgang handelt. Dieses Zeugnis steht da, wo wir leben, aber auch in uns selbst immer wieder im Widerstreit mit dem falschen Zeugnis über den Nächsten. Aber Gottes Gebot macht uns Mut, im Hören auf Jesu Stimme immer aufs neue die Wirklichkeit zu bezeugen, daß Gott an jedem Menschen festhält. „Sei nicht im Gefolg einer Mehrheit zum Bösen. Stimme über einen Streitfall nicht so, dich zu beugen als Gefolg einer Mehrheit" — so hat Martin Buber das achte Gebot übersetzt. Wo alle über einen anderen herfallen und ihn verurteilen, da brauchst du nicht zu folgen. Die Wahrheit ist, daß Gott ihn liebt. Und du darfst dieser Liebe Gestalt verleihen, ganz praktisch in der Art, wie du mit ihm und über ihn redest. Das kann z. B. so aussehen, wie Luther es erklärt hat: „ihn entschuldigen, Gutes von ihm reden, und alles zum Besten kehren". Ich denke, dazu wird es in der kommenden Woche bei uns viele passende Gelegenheiten geben; in den Häusern, in den Sitzungen, auch im Gespräch am Krankenbett, und vor allem da, wo wir über einander reden. Und jedesmal ergibt sich für uns eine Gelegenheit, wahrzunehmen und wahr sein zu lassen, was wirklich ist; Zeuge der Liebe und der Wahrheit zu sein. Amen.

DAS NEUNTE UND ZEHNTE GEBOT

Predigt im Gottesdienst am Buß- und Bettag,
19. November 1980
in der Zionskirche in Bethel

In der Reihe der Predigten über die zehn Gebote Gottes hören wir heute auf das letzte Gebot. Im Katechismus Martin Luthers finden wir es aufgeteilt als das neunte und zehnte Gebot. Nach biblischer Gliederung handelt es sich um ein Gebot. Es lautet: „Gott sagt: Ich bin der Herr, dein Gott, der dich aus Ägypten geführt hat, aus dem Hause der Knechtschaft. Du sollst nicht begehren deines Nächsten Haus. (Und das heißt:) Du sollst nicht begehren deines Nächsten Weib, noch seinen Knecht, noch seine Magd, noch seinen Esel, noch irgendetwas, was dein Nächster hat.“ (2. Mose 20,17)

Liebe Schwestern und Brüder!
Dieses Gebot Gottes begegnet uns heute am Bußtag. Ich finde, das trifft sich gut. Nicht etwa deshalb, weil die Büßerstimmung, die möglicherweise jemand mit in diesen Gottesdienst gebracht hat, die passende Voraussetzung dafür wäre, den „Prügel“ des Gebotes über sich ergehen zu lassen. Nein, so wäre sowohl das Gebot als auch die Buße gründlich mißverstanden. Wenn heute der Ruf zur Buße unter uns laut wird, so ist das eine äußerst beglückende und froh machende Kunde. Ich will das mit einem schlichten Bild verdeutlichen: Neulich geriet ich nachts mit meinem Auto in eine enge dunkle Straße. Zu meinem Schrecken merkte ich: Es war eine Sackgasse. Die Straße führte nicht weiter. Rückwärts konnte ich nicht. Ich saß in der Klemme. Da kam jemand, der sah meine Ratlosigkeit und rief mir zu: „Fahren Sie ein Stück weiter; da vorne können Sie wenden.“ Ich habe richtig aufgeatmet, als ich das hörte. Ich war wie befreit: Gott sei Dank! Ich kann wenden! — So ist das, wenn unter uns zur Buße gerufen wird. Ihr, die ihr euch festgefahren habt; ihr, die ihr in der Klemme sitzt und nicht weiterwißt: Ihr könnt freikommen. Es gibt eine Möglichkeit, da könnt ihr wenden!
Und nun fügt sich in diesen Ruf zur Umkehr das Gebot Gottes

hinein. Es spitzt den Bußruf sozusagen auf uns persönlich zu, und es wird seinerseits durch diesen Ruf zu einem sehr konkreten Wegweiser in die Freiheit.

Auch das zehnte Gebot steht ja unter derselben Überschrift wie alle anderen Gebote und ist damit gleichsam eine Ausführungsbestimmung für das Leben, das Gott uns durch die Befreiung aus der Knechtschaft ermöglicht hat, und diese Ausführungsbestimmung hat wie alle anderen das Ziel, daß unsere Freiheit und damit unser Leben erhalten bleiben. Im Lichte des Bußrufes wird heute besonders deutlich werden, daß der Freiraum, den Gott uns mit seinen Geboten eröffnet, vor allem auch ein Raum zur Umkehr ist. Gott hat so viel Spielraum, so viel Freiheitsraum geschaffen, daß niemand in der Ecke stehen bleiben muß, in die er geraten ist. „Ich habe dich aus dem Hause der Knechtschaft geführt", sagt Gott. Jetzt ist genügend Platz zum Wenden. Gott sei Dank!

Allerdings, ich bin nicht ganz sicher, wie verbreitet unter uns das Empfinden ist, in einer Sackgasse zu stecken. Sicher, mancher hat 'mal so Augenblicke, und das soll man auch durchaus ernstnehmen. Aber kann man das allgemein voraussetzen? Bußtag hin und Novemberstimmung her — ist uns nicht viel häufiger zumute, als ginge die Fahrt auf großer, breiter, heller Straße gemächlich dahin? und was soll dann die Kunde, daß es auch Wendeschleifen gibt? Man ist ja froh, daß man sie nicht braucht! Wegweiser in die Freiheit in hohen Ehren! Aber doch nur für die, die in Knechtschaft gefangenliegen. Geht es uns nicht manchmal wie jenem jungen Mann, der zu Jesus kam, und der, auf die Gebote angesprochen, ganz einfältig antworten konnte: „Das habe ich alles gehalten von Jugend auf." (Matth. 19,16 ff.) Wer tötet schon? Wer bricht schon die Ehe? Wer stiehlt schon? Wer möchte denn wirklich die Ehre seines Nächsten beeinträchtigen oder ihm sonst etwas am Zeuge flicken? Das gibt es wohl, aber sind das nicht die Ausnahmen, vor allem auch unter uns?

Genau an dieser Stelle greift das zehnte Gebot nach. Noch einmal wird deutlich, daß die Freiheit, zu der Gott uns verhilft, nicht dadurch gewahrt bleibt, daß jeder auf seine eigene Freiheit bedacht ist; vielmehr bewährt sie sich vor allem dadurch, daß einer dem anderen den nötigen Freiraum zum Leben gönnt, erhält und bewahrt. Im zehnten Gebot wird dieser Freiraum des anderen in einer Art Zusammenfassung mit dem Wort „Haus" bezeichnet, wobei mit „Haus" nicht nur ein Dach über dem Kopf gemeint ist. Das Wort „Haus" umfaßt im alten Israel einen sehr weiten Lebensraum. Einiges wird hier genannt: Ein Mensch gehört dazu, dem man in besonderer Treue und Liebe verbunden ist. Arbeit gehört dazu; eine Aufgabe, die einen erfüllt, und Menschen, die daran mitwirken. Lebensunterhalt gehört dazu, Essen und Trinken, und selbst die Tiere gehören dazu. Das alles und manches mehr dient dem anderen nach Gottes Willen als ein Raum, in dem er die ihm zugedachte Freiheit zum Leben ständig neu erfährt. Daß niemand diesen Freiheitsraum antasten darf, das hat Gott in mehreren Geboten kategorisch gefordert. Es steht ja nicht nur das Leben des anderen auf dem Spiel, sondern gleichzeitig das, was Gott selber zu unser aller Heil vollbracht hat. Gerade deshalb hakt Gott im zehnten Gebot noch einmal nach. Es könnte ja sein, daß wir tatsächlich nicht zu denen gehören, die dem anderen durch Morden oder Stehlen, durch Ehebruch oder Lüge nach seiner Freiheit trachten. „Darum", so hat Martin Luther gesagt, „ist dieses letzte Gebot nicht für diejenigen bestimmt, die vor der Welt als böse Buben gelten, sondern es ist gerade für die Frommsten, die gelobt sein wollen, weil sie gegen die vorhergehenden Gebote sich nichts zuschulden kommen lassen." Und ihnen sagt Gott: „Du sollst nicht begehren."

Nicht begehren! So heißt es gleich zweimal in diesem Gebot. Ich merke: Gott faßt mit diesem Gebot tatsächlich tiefer nach. Er kann und will offenbar gar nicht erst zulassen, daß es jemals zu irgendeiner dieser schrecklichen Taten kommt, mit denen ein Mensch dem anderen die Freiheit nimmt. Er geht dem nach, wo denn der Keim all dieser Taten steckt und wie und wo sie entstehen. Und dabei wird Gott auf einmal sehr persönlich, und mit seinem Wort trifft er dich und mich: „Du, du sollst nicht begehren." Das geht unter die Haut. Wie tief mag es gehen? Trifft es das Herz?

Begehren — was ist das eigentlich? Was spielt sich da in uns ab? Und woher kommt das, was sich da abspielt? — Das Wort

„begehren" bezeichnet in der Bibel keineswegs nur eine böse verwerfliche Regung des Menschen. Es kann z. B. zum Ausdruck bringen, daß jemand an etwas Gefallen findet. Gottes Wort kann z. B. jemand für begehrenswert halten; oder „Lobe den Herrn", das kann, wie es in dem bekannten Lied heißt, „mein Begehren" sein. Trotzdem ist dieser positive Gebrauch des Wortes in der Bibel relativ selten. Viel häufiger dagegen wird vor dem Begehren dringend gewarnt. In dieser durchaus natürlichen Regung des Begehrens, in der ein Mensch sich nach etwas anderem ausstreckt, bricht offenbar allzu schnell und allzu leicht etwas um, so daß das Begehren unversehens darauf zielt, das Begehrte in Besitz zu nehmen und an sich zu bringen. Ganz anschaulich ist das dargestellt auf den ersten Blättern der Bibel, wo das Wort begehren übrigens gleich zweimal vorkommt. Da heißt es von den Bäumen, die Gott pflanzte, sie seien lieblich, verlockend, begehrenswert anzusehen — was kann schon Böses daran sein, sich an einem Baum zu freuen! Aber dann sieht da ein Mensch, daß von dem Baum gut zu essen wäre; daß er eine Lust für die Augen ist; daß er verlockend ist, weil er klug macht. Und dann wird aus dem Gernhaben ein Begehren und aus dem Begehr eine Begierde und aus der Begierde die Gier — und die Gier drängt zur Tat: „Und sie nahm von der Frucht und aß und gab ihrem Mann auch davon, und er aß." (1. Mose 3)

„Du sollst nicht begehren", da, im Begehren liegt der Keim, aus dem all das herauswächst, womit wir zerstören, was Gott zu unserer Befreiung getan hat. Darauf spricht er uns heute an: Ob du wohl merkst, was da im Begehren bei dir keimt und ins Unkraut schießt? Ob du gewahr wirst, wie sich aus der einfältigen Freude an dem, was der andere zum Leben bekommen hat, auf einmal der teuflische Gedanke regt, du möchtest wohl selber gerne haben, was der andere hat? Man weiß gar nicht, woher der Gedanke kommt; auf einmal ist er wach und läßt einen nicht mehr los. Kennst du das, wie einem dieses Begehren gerade in stilleren einsamen Stunden des Tages zusetzt? wie es des Nachts quält und einen nicht schlafen läßt? Der andere hat es gut! so kreisen die Gedanken; und ich dagegen? Wie, wenn ich bekommen könnte, was er hat? Der andere sitzt ganz schön oben — könnte ich nicht seinen Platz einnehmen? Der hat eine bessere Arbeit — könnte ich die nicht machen? Den Freund, den der andere hat, den müßte ich eigentlich haben — wie kann ich ihm den wohl ausspannen? Der andere hat Erfolg; alle haben sie ihn gern — kann ich ihm davon nicht etwas abjagen? — Kennst du das, daß solche Gedanken sich bei dir regen?

Ja, ich kenne das auch. Ich merke vor allem, wie sich diese Wunschträume des Begehrens auf einmal störend zwischen mich und den anderen legen; wie sie mein Verhältnis zu ihm trüben, oft noch bevor der andere etwas davon merkt. Plötzlich wird in meinem Inneren aus dem Kollegen ein Rivale, aus dem Nachbarn ein Widersacher, aus dem Freund ein Konkurrent. Und dann spüre ich, wie ich tatsächlich unversehens in eine Sackgasse gerate. Und dann beginne ich mich zu schämen, daß sich solche Gedanken in mir regen.

Allerdings, ich muß gestehen: Es melden sich in mir sogar in dieser Situation nicht selten eigenartige Gegengedanken. Ob ihr das auch kennt? Ich merke, wie lustvoll das Begehren in mir ist; wie es selbst in der Sackgasse noch dafür sorgt, daß mir all das, was mein Begehren ausrichten könnte, sehr harmlos vorkommt. Denn was kann ich schon dafür, daß solche Gedanken und Regungen in mir hochkommen? Soll ich sie etwa unterdrücken? Außerdem ist der andere auch nicht ganz unschuldig; warum verführt und verlockt er mich mit dem, was er hat? Er weckt doch geradezu meine Begierde! Und schließlich muß ich doch wohl auch an mich denken. Soll ich denn das Feld ganz dem anderen überlassen? Wo käme ich denn hin, wenn ich auf die aus mir selber kommenden Regungen, statt sie durchzusetzen, wirklich verzichten würde?

Nein, Gott gibt nicht nach; er gibt schon gar keine mildernden Umstände. „Du sollst nicht begehren!" Gott hält dieses Gebot auch gegen unsere Ausflüchte unerbittlich durch. Er will uns geradezu festnageln darauf, daß wir nur ja nicht unserer Begierde verfallen. Und indem er darauf beharrt, will er noch eindeutiger zum Kern des Begehrens vorstoßen.

Paulus hat im siebten Kapitel des Römerbriefes einmal ausgeführt, die Begierde richte sich gar nicht in erster Linie, oder doch nur vordergründig, gegen unseren Nächsten und dessen

Lebensraum. Die Begierde entstehe vielmehr ausgerechnet dadurch, daß Gott uns mit seinem Gebot anspricht, und dadurch richte sie sich gegen Gott selbst. Die Begierde sei unsere lüsterne, selbstherrliche Reaktion auf Gottes Anrede an uns. Man stelle sich das vor: Da kommt Gott und spricht uns die Freiheit zu. In uns aber weckt dieses Wort die Lust: Freiheit? Das mache ich selbst! Da sagt Gott: Nicht töten! Nicht stehlen! Nicht ehebrechen! Nicht lügen! Dann bleibst du frei! In uns aber erregt das Wort die Lust: „Sollte Gott gesagt haben . . .?" Das wäre doch gelacht, wenn ich mich nicht selber durchsetzen und mein Leben entfalten könnte! — Gott geht noch weiter. Er verbündet sich mit uns: Du, ich bin dein Gott, und im Bund mit mir kommst du mit dir selbst in Ewigkeit zurecht. Uns aber reizt dieses Wort, und statt daß wir auf Gottes Bund eingehen, machen wir uns von ihm los und schwingen uns sogar selbst auf Gottes Thron. Mein Gott! Wird er je Gehör finden mit seinem Wort „Du sollst nicht begehren"?

Schließlich macht Gott einen letzten endgültigen Schritt. Er erscheint selbst in unserer Mitte. Im gekreuzigten Christus zieht er die ganze aufsässige Lust unserer Begierde auf sich. Da läßt er es sich gefallen, daß wir ihn im Wahn unserer Selbstrechtfertigung vom Thron stürzen. Er läßt es sich von uns sagen: „Wir wollen nicht, daß dieser über uns herrsche." Er hält das solange durch, bis auch der letzte Mensch begriffen hat, wie schrecklich, wie elendig er sich verstrickt und verkeilt hat. Nur eines kann sich jetzt nicht mehr ändern: Mitten in der Nacht, in der wir nicht weiterwissen, mitten im Scheitern unserer selbstgewählten, selbst vergeudeten Freiheit ist er nahe dabei. Es kann sein, daß er dir heute zuruft: Du, dort kannst du wenden! Da, mitten in deiner Sackgasse, da steht das Kreuz. Da ist Platz. Da kannst du umkehren. Da brauchst du nicht zu begehren. Er, er hat sich dein Aufbegehren gefallen lassen und ihm dadurch die Spitze abgebrochen. Jetzt kann sogar im Kern, im Herzen etwas ganz Neues werden. Statt zu begehren, weckt Christus in dir die Kraft zum Teilen, die Freude am Schenken, den Dank für alles, was du und dein Nächster zum Leben in Freiheit brauchen. Vielleicht ist sein Wort so stark in dir, daß du den Mut bekommst, mit Freuden umzukehren in die Freiheit. Amen.

DAS DOPPELGEBOT DER LIEBE

Predigt im Festgottesdienst zum 75jährigen Jubiläum
der Kirchlichen Hochschule Bethel
am 7. November 1980 in der Zionskirche in Bethel

„Und einer von ihnen, ein Schriftgelehrter, stellte Jesus auf die Probe und fragte: ,Meister, welches ist das wichtigste Gebot im Gesetz?'
Jesus antwortete ihm: ,Du sollst den Herrn deinen Gott lieben, mit ganzem Herzen, mit ganzer Seele und mit all deinem Verstand.'
Dies ist das größte und wichtigste Gebot. Das andere aber ist dem gleich: ,Du sollst deinen Nächsten lieben wie dich selbst.' An diesen beiden Geboten hängt das ganze Gesetz und die Propheten." (Matthäus 22,35—40)

„Alles Ding währt seine Zeit, Gottes Lieb in Ewigkeit" — so haben wir gerade gemeinsam gesungen. „Alles Ding währt seine Zeit" — wir freuen uns heute, daß etwas jetzt schon so lange währt. 75 Jahre! Viele Jahre, lange Zeit freien theologischen Lernens, Lehrens und Forschens. Gefüllte, belebte Zeit; geprägt von Menschen, die einander Anteil nehmen ließen an dem, was sie im Hören auf Gottes Wort vernommen haben, und was darauf zu antworten sie sich genötigt sahen. Zeit mit einer starken Ausstrahlungskraft auf viele Menschen, auf Generationen von Pastoren, und dadurch auf viele Gemeinden und Christen. Aber eben: Indem wir diese Zeit nach Jahren zählen, wird deutlich: Es ist eine Strecke Zeit; sie hat Anfang und Ende. Zwar ist nach allem, was wir heute sehen können, das 75jährige Jubiläum der Kirchlichen Hochschule Bethel keineswegs der Endpunkt dieser Strecke, sondern nur eben ein Markstein an einem gewiß noch recht langen Weg. Trotzdem: „Alles Ding währt seine Zeit" — und darin ist auch die Kirchliche Hochschule miteingeschlossen. Aber: Was dann? Mir scheint diese Frage ist um so bedrängender, als es hier ja keineswegs nur um die Grenzen irgendeiner Institution geht. Nein, hier sind zugleich die Grenzen all dessen mit angesprochen, was wir selber heute mit in diese Hochschule einbringen: Lehren und Forschen währt seine Zeit. Die Erkenntnis, die einer gewonnen hat; die Theorie, die einer verficht; die Arbeit, die einer schreibt, das Buch — alles währt seine Zeit. Auch mein leidenschaftliches Studieren; auch mein Dienst als Pastor der Kirche; ja, ich selbst mit allem, was mich bewegt und beglückt — all das währt seine Zeit. Und was dann? Was bleibt? Was zählt? Was hat Gewicht? — Nicht wahr, das ist ja nicht nur eine Frage für dann einmal; an dieser Grenze stellt sich die Frage für heute: Gibt es auf der uns zugemessenen Strecke unseres Lebens etwas, das bleibt? Ist da auch und gerade in unserer Existenz als Theologen und Pastoren, in unserem Lehren und Lernen, in unserer Predigt und in unserer Seelsorge, in der Art, wie wir unsere Mitarbeit in der Gemeinde gestalten, und wie wir uns darauf vorbereiten — ist da in all dem etwas auszumachen, was wirklich zählt? Gibt es also in unserem Leben etwas, worauf letzten Endes alles unbedingt ankommt, was darum schlechthin am wichtigsten für uns ist?

In Matthäus 22 lesen wir, ein theologischer Lehrer habe eben diese Frage an Jesus herangetragen — in der Gottesdienstordnung finden Sie den Text nach der 1975 revidierten Luther-Übersetzung; nach dem Vortrag von gestern abend (Prof. Dr. Walter Jens sprach über das Thema: „Luthers deutsche Bibel — 1545 und heute") erlaube ich mir, den Text nach der Luther-Übersetzung von 1545 vorzulesen: „Vnd einer vnter jnen ein Schrifftgelerter / versucht jn / vnd sprach / Meister / welches ist das furnemest Gebot im Gesetz: Jhesus aber sprach zu jm / du solt lieben Gott deinen HERRN / von gantzem Hertzen / von gantzer Seelen / von gantzem Gemüte / Dis ist das furnemest und gröste Gebot. Das ander ist dem gleich / du solt deinen Nehesten lieben / als dich selbs. In diesen zweien Geboten hanget das gantze Gesetz und die Propheten."

Tatsächlich! Die zugespitzte Frage erhält eine klare Antwort: Lieben! Darauf kommt alles unbedingt an. Gott lieben, das ist das Größte und Wichtigste. Den Nächsten lieben. Das ist dem ersten gleich. Lieben! Das hat Gewicht und das zählt.

Ich weiß nicht, liebe Schwestern und Brüder, wie es Ihnen mit dieser Antwort geht. Ich selber merke, daß ich sehr gespannt war, wie die Antwort auf unsere Frage lauten würde; denn ich hatte irgendwie die Erwartung, sie müsse so etwas wie eine Enthüllung bringen, etwas radikal Neues, etwas, das wirklich alles verändert, weil es mitten in all den Dingen, die nur ihre Zeit währen, durchhält und bleibt. Aber bei näherem Zusehen scheint mir die Antwort recht gewöhnlich. Nicht als ob Liebe nichts Großes und Wichtiges wäre! Aber neu kommt mir das nicht gerade vor. Nicht wahr, das mit dem Liebesgebot, das haben wir doch alle längst gewußt, genau wie der Schriftgelehrte damals. Mehr noch: Haben wir selbst genau dieses nicht immer schon gesagt? Eine wirklich wichtige Sache, das mit der Liebe! Da kann man nur ganz dahinterstehen! Das paßt genau in unser System. Trotz der Zweideutigkeit, in die das Wort oft hineingezogen wird, sollten wir die Liebe eindeutig zum obersten Prinzip des Handelns unter den Menschen erheben. Nur sollten wir endlich praktisch werden. Hat nicht Luther schon gesagt: „Es fehlt dieser Lehre nichts, als daß sie so leicht ist"? Vielleicht sollten wir's uns ein wenig schwerer mit ihr machen. Man kann doch etwas tun in Sachen Liebe! Sollten wir uns nicht noch viel entschiedener zu opferbereiter engagierter Liebe entschließen? Sollten wir — Studium hin und Sprachen her — uns nicht zum Beispiel zu Aktionsgemeinschaften verbinden, um etwas für die Randgruppen in unserer Gesellschaft zu tun? oder besser noch: für die „fernen Nächsten"? — Nein, sagen vielleicht andere, euer Engagement in Ehren, aber es verpufft. Mit so verstandener Liebe stabilisiert ihr nur die Verhältnisse. Wahre Liebe dagegen muß die Strukturen hinterfragen, muß die Bedingungen und Verhältnisse ändern, die die Menschen heute kaputtmachen. Und darum fordert Liebe Kampf und Protest! — Halt, so höre ich wieder andere sagen: Ihr habt wohl die Bibel nicht gelesen! Steht da nicht eindeutig: *Gott* lieben, das ist das wichtigste Gebot? Da liegt der Schaden! Ihr bleibt in reiner Mitmenschlichkeit stecken! Von der Liebe zu Gott traut sich schon keiner mehr zu sprechen. Auf die Gottesliebe aber käme eigentlich alles an, das andere würde sich von selbst ergeben. —

Ich merke, wie es mich reizt, mich in die eine oder andere Richtung noch weiter für die Liebe zu verfechten, und natürlich würde ich mich dabei auch verpflichtet fühlen, die Anliegen der sogenannten „Werke freier christlicher Liebestätigkeit" zu vertreten, zu denen Vater Bodelschwingh übrigens auch die Theologische Schule zählte. Aber irgendwo brach meine Gedankenkette plötzlich ab. Ich dachte an einzelne Menschen unter uns, auch an der Kirchlichen Hochschule; ich dachte an Gruppierungen, die es da gibt; unter Studenten, und unter Dozenten. Ich dachte auch an die Auseinandersetzungen und Konflikte, in denen ich selber stehe, und mir wurde bewußt, daß uns diese ganze Leidenschaft für die Liebe als dem obersten Prinzip unseres Handelns zwar allen gleich ist, uns untereinander aber keinen Schritt weiterbringt in die Richtung, die das Wort „lieben" eigentlich anzeigt. Mitten in unserer Leidenschaft für die Liebe bricht unverkennbar unsere ganze Schwierigkeit zu lieben auf, und die Wahrheit ist, daß viele von uns ganz mit sich allein sind, ungeliebt, und unfähig zu lieben.

Ich habe dann noch einmal in die Bibel hineingesehen. Dabei fiel mir auf, daß gleich im ersten Satz unseres Textes zu lesen steht, die Frage des Schriftgelehrten nach dem höchsten und größten Gebot sei eine Versuchung Jesu gewesen. Ich dachte: Wie, wenn wir uns mit unserer Frage und erst recht mit der Antwort, wie wir sie aufgegriffen haben, ebenfalls darangemacht hätten, Gott zu versuchen? Wie, wenn wir uns darangemacht hätten, das Liebesgebot Gottes gleichsam vom Baume der Erkenntnis zu pflücken, und zwar in der Sehnsucht, allwissend zu werden, wissend, was gut und was böse ist? Wie also, wenn wir unter dem Deckmantel der Leidenschaft für die Liebe in Wahrheit weder Gott noch den Nächsten im Blick gehabt hätten, sondern uns selbst; wenn wir Gott und den Nächsten nur ins Feld geführt hätten, um selber wie Gott zu sein? Dann wundert's mich nicht, wenn wir am Ende nur entdecken, daß wir nackt sind.

Liebe Schwestern und Brüder! Ich denke, wir kommen nicht umhin, noch einmal etwas genauer auf das zu hören, was Jesus hier sagt. Ja, wahrscheinlich kommt's wirklich darauf an, daß wir ihn zu uns reden lassen und daß wir uns gefallen lassen, worauf er uns anspricht. Es ist nicht von ungefähr, daß Jesus an dieser Stelle in der Tat nichts Neues sagt, sondern zitiert. Beide Sätze, die den Kern seiner Antwort ausmachen, stammen aus dem Alten Testament. Dort aber stehen sie nicht etwa in einer Sammlung allgemeiner Grundwerte, Normen und Prinzipien; dort sind sie vielmehr Bestandteil der Anrede dessen, der sich ganz unvermittelt und überraschend den Menschen zuwendet und ihnen sagt: Du, ich bin dein Gott. Ich verbinde mich mit dir. Nicht, als wollte ich dich vereinnahmen oder gar einengen; was mich bewegt, ist nichts weiter, als daß ich dich liebe. *Lieben* — das meine ich so: ich möchte dir *erlauben,* der zu sein, der du bist: Mensch, und nichts als Mensch. Und dann möchte ich dir *geloben,* dir immer wieder Türen zu öffnen und Raum zu geben, damit du werden kannst, der du bist: Mensch, und nichts als Mensch. — Das ist es, was Jesus mit seiner Antwort neu unter uns zur Sprache bringen möchte. Mehr noch: In seiner Person rückt er den Gott, der auf den Bund mit uns und damit auf unsere Freiheit und unser Leben hinaus will, ganz dicht in unsere Nähe. Und wenn wir nachher einander Brot und Wein anreichen, dann läßt er es uns geradezu schmecken und sehen: Da, nimm hin. Ich bin dein Gott. Sieh an das Kreuz. Dort hat die Einsamkeit deines versucherischen Fragens und Strebens ein Ende gefunden. Du bist jetzt nicht mehr allein. Ich habe dich lieb, und in dieser Liebe mache ich dich frei und du findest dich selbst.

Merken wir, worauf Jesus uns anspricht, wenn er uns in dieser Situation sagt: „Du sollst Gott lieben von ganzem Herzen, von ganzer Seele und von ganzem Gemüt"? Er gibt uns die Chance, den Bund mit Gott wahrzunehmen und einzugehen, und das auf der gleichen Basis, auf der er ihn uns anbietet: Du darfst Gott lieben. *Lieben,* das heißt: Du darfst Gott und Gott allein *erlauben,* zu sein, der er ist: Gott, und nichts als Gott. Und du darfst ihm *geloben,* ihm immer wieder die Tür offenzuhalten und ihm bei dir Raum zu geben, damit Gott Gott werden kann in deinem Leben, bei den Menschen, mit denen du lebst, und schließlich auf dieser ganzen Erde. Ja, Jesus fragt nicht nur; er lädt nicht nur ein. Er gebietet: „Du sollst lieben Gott deinen Herrn!" Und das ist nun wirklich wie ein neues, erneuerndes, schöpferisches Wort; ein Wort, das uns neu macht und uns Leben schenkt im Bund der Liebe mit Gott.

Dieser Bund hat natürlich sein Bewährungsfeld, dort, wo wir miteinander leben und uns begegnen; darauf kommt Jesus hier ja auch zu sprechen. Das Neue will sich in unserem Zusammenleben durchsetzen und dort Gestalt gewinnen. Und dabei gibt es immer wieder Augenblicke und Situationen, in denen sich entscheiden wird, ob wir auf der Fährte dessen sind, was bleibt. Ich möchte das deutlich machen an einem Beispiel aus Bethel. Vor einiger Zeit saßen wir an einem Sonntagnachmittag zu Hause im Familienkreis am Kaffeetisch. Auf einmal schellt es. An der Tür steht einer der kranken Mitbewohner Bethels. Ohne viel zu fragen kommt er herein, setzt sich an unseren Kaffeetisch und sagt: „Da habt Ihr aber Glück gehabt, daß ich Euch heute besuche." Ich muß ehrlich sagen: Dieses Glück war mir in diesem Augenblick zunächst nicht unmittelbar einsichtig. Der andere kam mir eher wie eine Störung vor, und ich habe ihm eigentlich nicht so ganz gerne Platz gemacht an unserem Tisch. Nachträglich aber ist mir bewußt geworden, daß Jesus uns auf der Basis seines Bundes die Möglichkeit einräumt, einander so zu begegnen, wie Gott uns begegnet. *Lieben,* das heißt dann wieder: Ich *erlaube* dem anderen, der zu sein, der er nach Gottes Willen ist. Ich gebe ihm Raum bei mir. Ich will ihn nicht umbilden und umformen nach meinem Bild. Ich will ihn so lassen, wie Gott ihn in mein Leben hineinrückt. Ich will ihn zulassen, auch mit dem, was mir unbequem an ihm ist. Selbst die Schuld, die er möglicherweise trägt, will ich ihm nicht vorrechnen. Ist sie nicht vergeben am Kreuz? Ist nicht auch er freigekommen davon, noch ehe er's weiß? Sollte ich ihn deshalb etwa einengen? Ich will ihm statt dessen um der Liebe willen *geloben,* in Treue und Geduld den Bund mit ihm einzuüben, den Gott mir gewährt.

Dann wird es wohl so sein, daß all die Dinge, die wir verrichten, nur ihre Zeit währen: unser Lehren und Lernen, unser Dienen und Predigen, und wir selbst auch. Aber mitten darin wird Gottes Liebe bleiben. Und das gibt uns heute und jeden Tag Anlaß, diese Liebe mit unserem Leben zu *loben:* „Alles Ding währt seine Zeit; Gottes Lieb in Ewigkeit." Amen.

DER CHRIST IST EIN FREIER MENSCH

Predigt im Schlußgottesdienst der „Altstädter Woche 1980"
am 2. November 1980
in der Altstädter Nicolai-Kirche in Bielefeld

„Alles ist euer, ihr selbst aber gehört Christus." (1. Korinther 3,22)

Liebe Gemeinde in Altstadt!
Liebe Schwestern und Brüder!
Dieser Predigt soll das Thema zugrunde liegen: „Der Christ ist ein freier Mensch". Dieses Thema zog sich in der vergangenen Woche durch mehrere Veranstaltungen dieser Gemeinde. Der Reformationstag, den wir vorgestern begangen haben, legt ebenfalls dieses alte, ur-evangelische Thema von der Freiheit eines Christenmenschen nahe. Und gerade in diesem Jahr, in dem wir uns an die Übergabe des Augsburger Bekenntnisses unserer Kirche vor 450 Jahren erinnern, stellt sich von selbst die Frage, wie es denn heute unter uns steht mit dem, wofür unsere Väter damals eingestanden sind. Das alles ist Grund genug, diesen alten Kernsatz heute als Thema unter uns aufzuwerfen: „Der Christ ist ein freier Mensch".
Ich weiß nicht, wie es Ihnen im einzelnen mit diesem Thema geht. Ich vermute, einige von uns begegnen diesem Satz mit einem leichten Vorbehalt. Nicht grundsätzlich! Aber ist nicht in den letzten Jahren auf der Woge eines bestimmten Zeitgeistes auch in der Kirche viel zuviel von Freiheit geredet worden? Und wenn man sieht, was uns das eingebracht hat — ist es da nicht an der Zeit, auch mal wieder von den Ordnungen und Geboten Gottes zu reden? Ja, ist das Thema Freiheit nicht inzwischen regelrecht verbraucht, zerredet und verschlissen in Wahlkampfreden und Parolen, so daß man das Wort „Freiheit" fürs erste gar nicht mehr hören mag? — Nein, werden die anderen sagen, wir haben noch viel zu wenig von Freiheit gesprochen. Gerade heute, wo sich in Kirche und Gesellschaft heimlich — oder mehr noch schleichend un-heimlich — restaurative

Tendenzen breit machen, gerade heute gehört das Thema auf den Tisch und auf die Kanzeln: Der Christ ist ein freier Mensch! Man kann doch einfach nicht darüber hinweg sehen, daß es heute unzählige Menschen gibt, die unterdrückt und geknechtet werden und denen die Freiheit vorenthalten wird! Darum muß doch davon gesprochen werden, daß die Freiheit der Christen allen Zwang und alle Unterdrückung entlarvt und zerbricht.

Wie gesagt, ich weiß nicht, wie Sie im einzelnen zu diesem Thema stehen. Als ich mir überlegte, auf welche Seite ich mich bei einer Diskussion wohl schlagen würde, da kam mir plötzlich der Gedanke, eigentlich müßte man das Thema ja sozusagen an sich selbst ausprobieren. Wie also — so dachte ich — wenn wir heute morgen die Probe aufs Exempel machen würden; wenn einmal jeder für sich selbst zu sagen versuchte: „Ich — ich bin ein freier Mensch"? Ich merke an mir selbst, das wäre wohl sehr gut, wenn ich so sprechen könnte. Gut wäre vor allem, wenn ich's nicht nur so dahersagen würde; wenn's aus lebendiger Erfahrung kommen und ich aus tiefstem Herzen bekennen könnte: Ja, ich bin ein freier Mensch. Aber kann ich so sprechen? Wie geht's Ihnen mit diesem Satz? Merken Sie auch, daß er einem gar nicht so leicht über die Lippen geht? Ich bin ein freier Mensch — das müßte doch stimmen; zum Beispiel im Gedanken an die Arbeit, die morgen auf uns wartet; beim Blick auf den Terminkalender der nächsten Woche! Das müßte doch durchschlagen auf die Art, wie wir unser Geld einteilen, wie wir Kinder erziehen, wie wir dienstlich oder privat miteinander umgehen. Und wenn wir an die Zukunft denken; wenn jeder in seinen vier Wänden ganz allein ist mit sich und seinen vielen Gedanken; wenn Krankheit sich einstellt und gar der Tod an die Tür klopft, dann müßte der Satz doch immer noch glaubwürdig sein: „Ich bin ein freier Mensch". Werden wir's sprechen können? Lauert da um uns her nicht vieles, was uns einschränkt und einengt und unsere Freiheit bedroht? Und manchmal wird es so mächtig, daß uns die Angst beschleicht, uns lähmt und fesselt.

Aber was tun? Wie, wenn wir uns gleichsam mit einem inneren Ruck unsere Freiheit einfach nehmen würden? Warum sollten wir nicht auch so frei sein wie diejenigen, die ohne Rücksicht auf andere ausbrechen aus Zwängen und Engen; die sich den Händen anderer endlich entwinden; die Ich-Stärke beweisen und ihren Bedürfnissen freien Lauf lassen? Warum sollten wir nicht so frei sein, unseren Wohlstand noch mehr zu steigern, noch mehr zu genießen, noch größere Straßen zu bauen, die Natur und uns selbst mit noch mehr Chemikalien aufzuputschen, noch wirksamere Waffen zu entwickeln? Ja, warum sollten wir uns nicht die Freiheit nehmen, die sich jener Sohn nahm, von dem Jesus im Gleichnis erzählt? Tatsächlich, wir können so frei sein und uns selbst aus Gottes Hand zu lösen versuchen. Nur wird sich am Ende herausstellen: Wer sich so die Freiheit nimmt, der wird sie unter dem Diktat seiner Bedürfnisse nur allzu schnell verprassen. Er wird schließlich in großer Einsamkeit und noch größerer Abhängigkeit landen und so sein Leben aufs Spiel setzen. — Wie aber werden wir je sprechen lernen: „Ich bin ein freier Mensch"?

Und jetzt möchte ich unserem Thema ein Bibelwort zuordnen, das aus dem ersten Brief des Paulus an die Gemeinde in Korinth stammt. Paulus sagt: „Alles ist euer. Ihr aber gehört Christus." — Im ersten Moment kommt mir dieser Satz in unserem Gedankengang wie ein Fremdkörper vor. Aber vielleicht lassen wir uns jetzt diese Worte einfach einmal sagen. Ich höre, wie uns einer anspricht; uns, die wir so gerne freie Menschen sein möchten. Ich höre, wie er uns sagt: „Alles ist euer. Ihr selbst gehört Christus." Je länger ich darauf höre, desto deutlicher spüre ich, wie allein schon die Anrede, dieser Vorgang, daß uns hier einer anspricht, befreiende Wirkung hat.

Mir fiel dazu eine Erfahrung ein, die ein junger Praktikant vor längerer Zeit einmal bei uns in Bethel machte, und zwar in der Begegnung mit Hartmut. Hartmut war damals 19 Jahre alt. Der Praktikant lernte ihn kennen in einem Haus für anfallskranke Männer. Hartmut war groß und schwer. Durch häufige epileptische Anfälle war er auch schwerfällig geworden in seinen Bewegungen. Selbst ganz gewöhnliche Handgriffe konnte er nur schleppend ausführen. Morgens half ihm der junge Praktikant aus dem Bett und begleitete ihn beim Waschen, Anziehen und Essen. Hartmut sprach kein Wort mit seinem

Begleiter. Immer wieder versuchte der Praktikant, ihn in ein Gespräch zu ziehen, aber Hartmut war wie in sich selbst verschlossen. So beschränkte sich der Praktikant, ihn bei jeder Gelegenheit wieder anzusprechen, wobei er häufiger die Worte gebrauchte: „Du, Hartmut, wir zwei!" Nach langer Zeit merkte er, daß Hartmut auf diese Worte reagierte. Offenbar verstand er sogar, was die Worte ihm mitteilen wollten. Du, Hartmut, wir zwei, wir gehören zusammen. Wir wollen zusammenhalten. — Es war, als wachte Hartmut langsam auf. Auch seine Bewegungen wurden reger und selbständiger. Eines Tages trat Hartmut ganz nahe an seinen Begleiter heran, faßte seinen Arm, und nach langer Pause sagte er: „Du, Bruder, wir zwei!" Die Anrede, die er vernommen hatte, bewirkte bei einem schwerfälligen, in sich verschlossenen, abhängigen Menschen ein wenig mehr Freiheit. Und in den nächsten Tagen übten die beiden die gewonnene Freiheit, indem sie beim Aufstehen und Waschen und Anziehen einander zuriefen, als wäre es ein Spiel: „Du, wir zwei!"

Liebe Schwestern und Brüder, ich habe die Hoffnung, wir könnten heute morgen mit der Anrede des Paulus an uns eine ganz ähnliche befreiende Erfahrung machen. Mir ist, als spräche uns jemand ganz unmittelbar an: „Alles ist euer!" Merken wir, was uns da zugetraut wird? Alles steht euch zu Gebote. Da gibt es nichts, was euch einengen oder knechten könnte. Da gibt es auch niemanden, der euch ängstigen und lahmlegen dürfte. Ihr seid freie Menschen. Alles ist euer. — Es geht eine starke, ermutigende, aufrichtende und aufbauende Kraft von dieser Anrede aus. Das Wort, mit dem er uns anspricht, macht selbständig und frei. Und das hat einen tiefen Grund: Mitten in dieser Anrede meldet sich noch ein ganz anderer zu Wort: Jesus Christus selbst. Es ist, als trete er nahe an uns heran: „Du, wir zwei", sagt er. Ob wir merken, was er uns mitteilen will? Du, wir zwei, wir gehören zusammen. Es kann wohl sein, daß du dich in dich selbst verkriechst, weil du dich von allen Seiten bedrängt und eingeengt siehst. Es kann auch sein, daß die Freiheit, die du dir selber nimmst, dich schließlich völlig isoliert. Nur eines hört nie mehr auf: Du gehörst mir. Du und ich, wir gehören zusammen. Und in der Verbindung mit dir schenke ich dir, was du dir selbst nicht nehmen kannst. Ich werde nicht aufhören, dich anzusprechen, damit du endlich aufwachst und rege wirst; damit du freier und selbständiger wirst und schließlich selber den Mund auftust und deiner Freiheit Ausdruck verleihst.

Liebe Gemeinde, darauf läuft's wirklich hinaus, wenn Christus uns anspricht: „Ihr selbst, ihr gehört Christus". Darin wurzelt unsere Freiheit. Es ist darum nicht von ungefähr, daß sich die beginnende Freiheit dadurch Luft macht, daß einer sich gleichsam auf das Spiel wechselseitiger Anrede einläßt: „Du, wir zwei!" Denn es ist merkwürdig, aber es stimmt: Niemand wird aus sich selbst ein freier Mensch. Jeder braucht einen anderen, der ihn anspricht und ihm dadurch die Freiheit schenkt. Und wer frei geworden ist, wird seine Freiheit nur so bewahren, indem er sich auf die Begegnung mit einem anderen einläßt und ihn anspricht: Du, wir zwei.

Im Zusammenhang des Reformationstages erinnern wir uns gerne daran, daß wir eine Kirche des Wortes sind. Ich verstehe das so: Gott hat in das Wort, das wir einander sagen, die Kraft gelegt, daß wir einander aufrichten und uns so gegenseitig zu Selbständigkeit und Freiheit verhelfen. Schade, daß wir so oft leere Worte machen! Schade, daß wir so oft aneinander vorbeireden! Schade, daß wir uns mit unseren Worten — auch mit den frommen — so oft gegenseitig einengen und ausschalten und niederdrücken! Nein, Christus spricht uns auf eine so befreiende Weise an, daß wir Worte füreinander finden, die bauen und frei machen. Vielleicht treffen Sie heute oder morgen einen Menschen, der darauf wartet, daß Sie mit ihm das Spiel wechselseitiger Befreiung beginnen und üben. Vielleicht ist es einer, der krank ist, oder morgen einer der Kollegen. Vielleicht wartet auch jemand im eigenen Haus. Es kann sein, daß uns manchmal die rechten Worte fehlen. Wenn wir nur Mut finden, dem anderen ein wenig von der Freiheit mitzuteilen, die Christus uns zutraut! Ich bin gewiß, wir werden miteinander Befreiung erfahren. Amen.